HIPPOCRENE BILINGUAL PROVERBS

Dictionary of 1000 Italian Proverbs

With English Equivalents

Peter Mertvago

HIPPOCRENE BOOKS
New York

For information, address:
HIPPOCRENE BOOKS, INC.
171 Madison Avenue
New York, NY 10016

Library of Congress Cataloging-in-Publication Data
Mertvago, Peter.
        Dictionary of 1000 Italian proverbs / Peter Mertvago.
                p.   cm.
        Includes index.
        ISBN 0-7818-0485-2
        Proverbs. Italian.   2. Proverbs, Italian—Translations into
English.   I. Title
PN6471.M47   1996   96-32952
398.9'51'03—dc20   CIP

Printed in the United States of America.

Acknowledgments

The author wishes to thank Carlo Chioppo for his assistance in proofreading and preparing the manuscript for publication, and also Kibbe Fitzpatrick for his many helpful suggestions.

Introduction

Proverbs and Language

Proverbs have been variously described as succinct and often didactic statements embodying the traditional wisdom of a people or as moral metaphors based on natural observation tersely summarizing experience. The immortal Cervantes characterized proverbs as short sentences based on long experience.

From a linguistic point of view, if languages are thought of as semiotic systems which communicate information by means of signs or *semeia* that stand for specific ideas, objects or situations in the real world, proverbs can be seen to function as complex units which dispense users from any need of formulating concepts that are already current in a ready-made form in their cultural group. This is borne out by the Latin etymology of the word given by the OED: *pro* + *verbum* (word) + *ium* (collective suffix) hence meaning "a (recognized) set of words put forth."[1]

Consequently, for a student of Italian or anyone else wishing to communicate effectively in the language, the most common proverbs have to be understood and learnt in the same way that idioms and individual words must be mastered. This premise has prompted paremiologists in recent years to try to determine *paremiological minima* for languages in much the same way that linguists and lexicographers have endeavored to elaborate core vocabularies.[2]

---

1   Some have argued that the etymology is *probatum verbum*, or "proven word," but this is unlikely.

2   This concept was pioneered by G.L. Permiakov in the 1970s, in *Paremiologicheskii eksperiment*, (Moscow: 1971. See also his article translated into English by J. McKenna, "On the Question of a Russian Paremiological Minimum," *Proverbium*, 6 (1989), 91-102. For a good discussion of the status of this research, see W. Mieder, "Paremiological

The Italian Proverb

Francis Bacon observed that the genius, wit and spirit of a nation can be discovered in its proverbs, and scholars through the ages have of course tried to distill a "national character" from every nation's proverbial wisdom. But Italian proverbs have frequently been viewed from the opposite angle by those who have sought to find in them a reflection of the extremely varied history and geography of the peninsula.

Thus, the "land of poetry, music and song" has been seen as able to concentrate on the material and practical work of European civilization, producing proverbs of great ethical value.[3] The vicissitudes of history from ancient Rome to the present day have left their imprint, making Italian proverbs appear to some as inspired by the "nobler impulses of nature, tender feelings and the milk of human kindness," while to others as shrewd, suspicious, cowardly and even degenerate.[4] Indeed, the bald cynicism, immorality and selfishness which have often been thought to characterize Italian proverbs are a high price to pay, in the eyes of one scholar, "for having produced a Machiavelli, who too frequently has been taken as the representative of the moral qualities of the nation."[5] Also seen as an influence on its proverbs is the country's geographical position in the center of three continents as well as its climatic diversity: Italy's northern provinces can get as cold in winter as any northern European country while Sicily enjoys a warmth in summer rivaling that of Africa.[6]

Minimum and Cultural Literacy," in *Wise Words: Essays on the Proverb,* ed.W. Mieder, (New York: 1994), 297-316.

3   Benas, B.L. "On the Proverbs of European Nations," *Proceedings of the Literary and Philosophical Society of Liverpool,* no. 32 (1877-78), p.305.

4   Mombert, J.I. "A Chapter on Proverbs," *Bibliotheca Sacra,* vol.38 no.152 (October, 1881), p.601.

5   T.F. Crane, "Sicilian Proverbs," *Lippincott's Magazine,* 35 (1885), p.313.

These considerations would make a comparative study of the proverbs of the many provinces—which until the unification of Italy some 126 years ago were still separate entities—a most interesting exercise. An important recent contribution to work in this area has been made with the publication of Schwamenthal and Straniero's *Dizionario dei proverbi italiani* which has 5,959 Italian proverb entries with some 10,000 variants in the dialects. But for the most part, only a vast array of separate anthologies of the proverbs of individual localities and dialects have been compiled. [7]

The present work focuses not on the differences but rather on the similarities of the proverbs of all of Italy, and particularly their common affinity with the rich body of European proverb lore that was generated after the turn of the 15th century with the publication of Erasmus' *Adages*, most of which had their origin in classical antiquity.[8] Simultaneously with Erasmus, A.

6   Bodrero, E. "Introduction to the Proverbs of Italy," in Champion, S.G., *Racial Proverbs*, (New York: 1963), pp.lxv-lxvi.

7   For the following regions, *inter alia* (see Bibliography under author): *Abruzzi:* Bruni, DeNino, Giannangeli, Pallini, Porto, Romani; *Bari:* Giovine; *Basilicata:* Bigalke; *Bergamo:* Compagnoni & Mora, Gabanelli; *Bologna:* Menarini, Ungarelli; *Brescia:* Albrici, Rosa; *Brianza:* Airoldi; *Calabria:* Cucinotta, Gliozzi, Pascuzzi, Spezzano; *Fasano:* Marangelli; *Firenze:* Lapucci, Pecori; *Foligno:* Bruschi; *Friuli:* Beltram & Matalon, Comini, Fort, Ostermann; *Genoa:* Ferrando, Petrucci, Raimondi, Staglieno; *Lazio:* Galanti; *Lecce:* DeCarlo; *Liguria:* Celant; *Livorno:* Fontanelli, Kutufa; *Lombardy:* Samarini, Spiller, Tassoni; *Milano:* Rastelli, Rotta, Santoro, Villani; *Monferrato:* Della Sala Spada; *Naples:* Altamura & Giuliani, Consiglio, Furnari, Gleijeses, Ramondino, Rotondo, Vitiello; *Pavia:* Fiori; *Piemonte:* Bassignana, Bertini, Gianeri, Martello, Richelmy, Wolf; *Puglia:* Giovine, Iosa, LaSorsa, Sada; *Roma (Campania):* Cascioli, Cibotto, Manfredi, Tucci, Zannazzi; *Romagna:* Miniati, Spallici; *Salentina:* DeDonno; *Sardinia:* Loi, Spano, Wolf; *Sicily:* Alaimo, Attanasio, Cannella, Giacone, Grasso, Morina, Pitrè, Rapisardo, Wolf; *Trentino:* DeMozzi, Raffaelli; *Trieste:* Cassani; *Tuscany:* Bellonzi, Falassi, Giusti, Pecori; *Veneto:* Cibotto, Farisin & Lepan, Ghirardini, Gorlato, Lamberti, Nali, Orefice; *Verona:* Beltramini; *Vittorio:* Marson.

8   His first compilation, entitled *Adagiorum Collectanea,* appeared in

Cornazzano di Piacenza was preparing his *De proverbiorum origine*,[9] and it was at this time that the *Dieci tavole* appeared, a compilation of 150 proverbs, mostly Venetian, but which also included other Italian dialects as well as two proverbs in French and two in Spanish.

Erasmus' work was quickly translated into the vernacular languages of Europe, beginning a chain of paremiographical activity that continued through the 17th and 18th centuries with the collections of such paremiographers as Pescetti and Varini, and as a result of the renewed interest of the *Risorgimento* in the *lingua viva* of the people, there was a burgeoning in the 19th century with the works of Giusti, Pitrè, Strafforello, and others that has endured to this day.[10]

How to Use This Book

This book is a selective collection of what in the opinion of the author make up the 1000 most important and commonly used and understood proverbs of Italy as spoken and written today. It is neither an exhaustive compilation nor does it include proverbs that may be current in Italian-speaking regions outside of Italy, as in Switzerland, nor regional and provincial proverbs in dialect, as indicated earlier. These would be interesting subjects for comparative study but transcend the scope of this book.

The entries have been arranged as in a dictionary, in alphabetical order by Italian key word and numbered consecutively from 1 to 1000. For the purposes of this book, a *key word* is the sequentially first noun most closely associated with

1500 and was then revised and expanded six times until the *Adagiorum Chiliades*, having a total of 4151 *adages*, or proverbs, proverbial sayings and fixed expressions, was published in 1536.

9   Written in 1455 but published in 1503.

10 Pescetti, O. *Proverbi italiani...* (Verona:1602); Pitrè, G. *Proverbi siciliani messi a raffronto con quelli dei dialetti d'Italia* (Palermo: 1879-81), Strafforello, G. *Dizionario universale dei proverbi*, (Torino: 1883).

the meaning of the proverb and/or having a greater linguistic range or frequency. For proverbs without nouns, key words may be verbs, adjectives or adverbs used on the basis of the same considerations. Alternate variations of proverbs or alternate words or phrases used in the same proverb are placed within parentheses within the entry that represents the most common form of the proverb.

An important distinction is made in providing the English equivalents of the proverbs. For many Italian proverbs there is an identical, word-for-word equivalent in English where the same proverb occurs in both languages, and in such cases the English is set in normal type. But where no lexically-equivalent proverb exists in English, rather than provide a translation of the Italian, the book offers actual English proverbs[11] that would be used in similar contexts or circumstances. This is consistent with the treatment of proverbs as semiotic units that communicate entire thoughts in an encapsulated, ready-made format, as described earlier. Such equivalents are set in *italics* and it is assumed that the reader, once aware of the meaning or sense of a proverb and if so inclined, may proceed to identify the lexical differences by using standard monolingual or bilingual dictionaries if necessary. English proverbs that have a meaning opposite to that of the Italian entry may be listed for comparison, in which case they are marked by a dagger [†]. An English Key Word Index is provided to facilitate the use of the book from English into Italian.

---

11 For the purposes of this book, English proverbs means either British or American proverbs.

Dictionary of 1000
Italian Proverbs

With English Equivalents

A

Posted

A	✓1	Chi impara a dire A, deve imparare anche a dir B. Never say A without saying B. *In for a penny, in for a pound.*
Abito	2	L'abito non fa il monaco. (Abito non fa frate e tonaca non fa monaca.) The cowl does not make the monk.
Abitudine	3	L'abitudine è una seconda natura. Custom is a second nature.
Accordo	4	È meglio un cattivo (magro) accordo che una buona (grossa) sentenza. An ill (lean) agreement is better than a good (fat) judgment.
Acqua	5	Acqua passata non macina più. *The mill cannot grind with water that is past.* *Water that has passed cannot make the mill go.*
	6	L'acqua lontana non spegne il fuoco. Water from afar quencheth not fire.
	7	Non ti fidare dell'acqua che va piano. *Still waters run deep.*
	8	Ognuno tira l'acqua (carboni) al suo mulino (sotto la sua focaccia). Every man drags water to his own mill.

Adagio	9	Affrettati adagio. *Make haste slowly.*
Adamo	10	Tutti siamo figli di Adamo ed Eva. *We are all Adam's children.*
Adulatore	11	L'adulatore (il falso amico) ha il miele in bocca (ti liscia davanti) e il fiele in cuore (ti graffia di dietro). (Volto di miele, e cuore di fiele.) *A honey tongue, a heart of gall.* *Flatterers are cats that lick before and scratch behind.* *He covers with his wings and bites me with his bill.* *Fair face, foul heart.*
	12	Ogni adulatore vive alle spalle di chi gli dà retta. *All flatterers live at the expense of those they flatter.*
Affetto	13	L'affetto acceca la ragione. *Affection blinds reason.*
Afflizione	14	L'afflizione è il campo verace della virtù. *Adversity is the touchstone of virtue.*
Albero	15	Alberi grandi fanno più ombra che frutta. *Large trees give more shade than fruit.*
Allegria	16	L'allegria fa sembrare bello ogni viso. *A merry heart makes a cheerful countenance.*
Altri	17	Chi chiama gli altri crudeli, dev'essere pio. *Point not at others' spots with a foul finger.*
Amante	18	Amante no sarà, chi coraggio non ha. (Fra Modesto non fu mai priore.) *Faint heart never won fair lady.*
Amare	19	Chi ben ama ben castiga. *He who loves well, chastises well.*
	20	Chi vuol essere amato, divenga amabile. *The secret of being loved is being lovable.*

Amicizia	21	Amicizia riconciliata è una piaga mal saldata.

A broken friendship may be soldered but will never be sound.
A reconciled friend is a double enemy.

22 Grande amicizia genera grand'odio.
The greatest hate springs from the greatest love.

Amico   **23**   Amici del buon vino non abbi per vicino.
Trencher friends are seldom good neighbors.

24 Amico di tutti e di nessuno è tutt'uno.
A friend to all is a friend to none.

25 Amico e vino vogliono essere vecchi.
Old friends, like old wine, are best.

26 Amico vecchio e casa nuova.
New things are the best things, but old friends are the best friends.

27 Anche i migliori amici sono costretti a separarsi.
The best of friends must part.

28 L'amico certo si conosce nell'incerto.
(Gli amici si conoscono nel bisogno.)
A friend in need is a friend indeed.

29 Non avrete mai un amico se lo volete senza difetti.
You will never have a friend if you must have one without faults.
Who seeks a faultless friend rests friendless.

30 Prima di scegliere l'amico, bisogna averci mangiato il sale sette anni.
Before you make a friend, eat a peck of salt with him.

31 Quando un amico chiede, non v'è domani.
When a friend asks, there is no tomorrow.

32 Un amico è come un altro noi stesso.
A friend is another self.

33 Un buon amico non offende mai.
A good friend never offends.

Amore

34   Val di più un amico che cento parenti.
      Friends are to be preferred to relatives.

35   Amore è cieco.
      Love is blind.

36   Amore e gelosia nacquero insieme.
      Love is never without jealousy.

37   Amor regge il suo regno senza spada.
      Love rules his kingdom without a sword.

38   Chi è fortunato in amore, non è fortunato alle
      carte.
      † *Lucky at play (cards), unlucky at love.*

39   Chi si sposa per amore, di notte ha piacere, di
      giorno dolore.
      *Who marries for love without money, has good
      nights and sorry days.*

40   Gli amori nuovi fanno dimenticare i vecchi.
      New love drives out the old.

41   L'amor dei sudditi è la miglior guardia del corpo
      dei principi.
      The subject's love is the king's lifeguard.

42   L'amore fa passare il tempo e il tempo fa passare
      l'amore.
      Love makes time pass, time makes love pass.

Andare

43   Dimmi con chi vai, e ti dirò che fai (chi sei).
      Tell me with whom you go and I'll tell you
      what you are.

Anno

44   Molto più fanno gli anni che i libri.
      Years teach (know) more than books.

Apparenza

45   L'apparenza inganna.
      Appearances are deceiving.

46   Molta apparenza, poca sostanza.
      More show than substance.

Appetito	47	Chi ha buon appetito non chiede salsa. (Il miglior contorno è l'appetito.) A good appetite does not want sauce. *Hunger is the best sauce.*
	48	Il variar vivande accresce l'appetito. *New dishes beget new appetites.*
	49	L'appetito viene mangiando. Appetite comes with eating.
Aprile	50	L'aprile piovoso fa il maggio grazioso. *April showers bring May flowers.*
Aquila	51	D'aquila non nasce colomba. (Dal lupo non nascono agnelli.) Eagles don't breed doves.
	52	L'aquila non piglia mosche. Eagles don't catch flies.
Arco	53	Arco sempre teso si rompe. A bow too much bent will break.
Argento	54	L'argento bianco lascia strisce nere. White silver draws black lines.
Argomento	55	Si può parlare troppo anche sul miglior argomento. You may talk too much on the best of subjects.
Arte	56	Chi ha arte ha parte. He who has an art has everywhere a part.
	57	Chi ha (possiede) un'arte ha (possiede) una fortuna. *A useful trade is a mine of gold.*
Asino	58	Chi lava il capo all'asino perde tempo e fatica. *He who scrubs the head of an ass wastes his soap.*
	59	Chi non può dare all'asino, dà al basto. (Batte la sella chi non può il cavallo.) He who cannot beat the ass (horse), beats the saddle.

60   Di chi è l'asino, lo pigli per la coda.
       Let him that owns the cow take her by the tail.

61   L'asino e il mulatierro, non hanno lo stesso pensiero.
       *One thing thinks the horse, and another he that
       saddles (rides) him.*

62   L'asino non conosce la coda, se non quando non
       l'ha più.
       *The cow didn't know the value of her tail till she
       had lost it.*

63   Piuttosto un asino che porti, che un cavallo che
       butti in terra.
       Better ride an ass that carries me than a horse
       that throws me.

Assai   64   Chi vuole assai, non domandi poco.
                     Ask much to have little.
                     If you want an egg, ask for an ox.

Assente   65   Chi è assente ha sempre torto.
                     The absent are always (in the) wrong.

Astuzia   66   La più grande astuzia è quella di nascondere
                     l'astuzia.
                     The best art conceals art.

Attività   67   L'attività è la madre della prosperità.
                     Diligence is the mother of good fortune.

Avaro   68   L'avaro è come l'asino che porta il vino e beve
                     l'acqua.
                     The ass loaded with gold still eats thistles.

              69   L'avaro è sempre povero (non è mai ricco)
                     (Il più povero che ci sia in terra in terra è
                     l'avaro.)
                     A rich miser is poorer than a poor man.

Avvocato   70   Buoni avvocati sono cattivi vicini.
                     A good lawyer makes a bad (evil) neighbor.

B

Barba	71	Alle barbe dei pazzi, il barbiere impara a radere. A barber learns to shave by shaving fools.
	72	La barba non fa il filosofo. The beard does not make the (doctor or) philosopher.
Barbiere	73	Un barbiere rasa l'altro. *One barber shaves another gratis.*
Bastone	74	Chi risparmia il bastone fa il figlio birbone. Spare the rod and spoil the child.
Bellezza	75	Bellezza è come un fiore, che nasce e presto muore. *Beauty is a fading flower.*
	76	Bellezza (beltà) e follia vanno spesso in compagnia (sovente insieme). Beauty and folly are old companions.
	77	Bellezza senza bontà è come vino svanito. A fair woman without virtue is like palled wine.
Bello	78	Chi nasce bella, nasce maritata. *She who is born beautiful is half married.*
	79	Non è bello ciò ch'è bello, ma è bello quel che piace. Fair is not fair, but that which pleaseth.
Bene	80	Ben tardi venuto, per niente è tenuto. Good that comes too late is good as nothing.

81 Bene lontano è meglio che male vicino.
Better good afar off than evil at hand.

82 Beni uguali, sangue uguale e anni uguali fanno i migliori matrimoni.
Like blood, like good, and like age make the happiest marriage.

83 Chi ben fa (fa bene), ben avrà (ha bene).
Do well and have well.

84 Chi bene e mal non può soffrire, a grandi onor non può venire.
(Chi disprezza le piccole cose, non è degno delle grandi.)
He is worth no weal that can bide no woe.
He that cannot abide a bad market, deserves not a good one.
He who would do a great thing well must first have done the simplest thing perfectly.

85 Il bene bisogna cercarlo, e il male aspettarlo.
Good is to be sought after and evil attended.

86 Il bene non è mai troppo.
What's good was never plentiful.

87 Non si conosce il bene se non quando s'è perso.
The worth of a thing is best known by the want of it.
Blessings are not valued till they are gone.

88 Tutto è bene quel che finisce (ciò che riesce) bene.
All's well that ends well.

Bere 89 Non si può bere (tenere la farina in bocca) e fischiare (soffiare).
One cannot drink and whistle at once.

Bersaglio 90 Chi è più alto è bersaglio di tutti.
The bigger the man, the better the mark.

Bestia	91	Chi bestia va a Roma, bestia ritorna. Who goes a beast to Rome, a beast returns. *If an ass goes a-traveling, he'll not come home a horse.*
Biasimare	92	Chi biasima (disprezza), vuol comprare. He that blames would buy.
Biscia	93	Ogni biscia ha il suo veleno. *No viper so little but has its venom.*
Bisogno	94	Il bisogno fa trottar la vecchia (correre la vecchietta). Need makes the old wife trot.
	95	Il bisogno non conosce leggi. Need knows no law.
Bocca	96	A bocca ammalata anche il miele è amaro. *An ill stomach makes all the meat bitter.*
	97	Chi ha in bocca fiele, non può sputar miele. Who has bitter in his mouth spits not at all sweet. *What is sweet in the mouth is often bitter in the stomach.*
	98	In bocca chiusa non entrano mosche. A closed mouth catches no flies.
	99	La bocca non paga gabella. *Talking pays no toll.*
	100	La bocca parla di quello che il cuore è pieno. *What the heart thinks, the tongue speaks.*
Boia	101	Non si può fare il boia e l'impiccato. *One cannot be in two places at once.*
Borsellino	102	Poco e spesso riempie il borsellino. Little and often fills the purse.
Botte	103	La botte dà il vino che ha. *There comes nothing out of a sack but what was in it.*

Buco	104	Un piccolo buco fa affondare un gran basti-mento. A small leak will sink a great ship.
Bue	105	Bue sciolto lecca per tutto. *An ox, when he is alone, licks himself at pleasure.*
	106	Bue vecchio, solco diritto. An old ox makes a straight furrow.
	107	Dai buoi vecchi imparano ad arare i giovani. *As the old cock crows, so crows the young.*
	108	Il bue dice cornuto all'asino. *The pot calls the kettle black.*
Bugia	109	Aver sentito dire, è mezza bugia. "They say so" is half a lie.
	110	Le bugie hanno le gambe corte. *A lie has no legs.*
	111	Una bugia tira l'altra (ne tira dieci). One lie leads to another. One lie makes many.
Bugiardo	112	Al bugiardo non è creduto il vero. A liar is not believed when he speaks the truth.
	113	Un buon bugiardo deve avere una buona memoria. A liar should have a good memory.
Buio	114	Al buio (di notte), tutte le gatte (vacche) sono bigie (more) (le donne sono uguali). All (women and) cats are black (grey) in darkness (in the night).
Buono	115	Il buono è buono, ma il migliore è meglio. Good is good, but better carries it.

C

Cacciatore	116	Non tutti sono cacciatori, quelli che suonano il corno. All are not hunters that blow the horn.
Cadere	117	Cadendo s'impara a camminare. By falling we learn to go safely.
Calamità	118	Calamità scopre amicizia (amistà). *Adversity is the touchstone of friendship (virtue).*
Camera	119	La camera dell'ammalato è una cappella di devozione. The chamber of sickness is the chapel of devotion.
Camicia	120	È meglio perder la camicia che la pelle. *Better cut the shoe than pinch the foot.*
	121	Stringe più la camicia che la gonnella. *Near is my shirt, but nearer is my skin.*
Campana	122	A sentir una campana sola si giudica mala. *If you hear one bell only, you hear but one sound.*
	123	Non entra a messa la campana e ognun ci chiama. Bells call others to church, but go not themselves.

Campo 124 Tre cose vuole il campo: buon lavoratore, buon
seme, buon tempo.
A field has three needs: good weather, good
seed, and a good husbandman.

Cane 125 Anche i cani piccoli davanti al loro uscio si
sentono grossi.
Every dog is valiant at his own door.

126 Cane che abbaia non morde.
(Non tutti mordono quelli che mostrano i denti.)
Barking dogs seldom bite.

127 Cane non mangia cane.
Dog will not eat dog.

128 Cane vecchio non abbaia invano.
An old dog barks not in vain.

129 Cane vecchio non si avvezza a portar collare
(non si abitua più alla catena).
It is hard to teach an old dog new tricks.

130 Chi ama me, ama il mio cane.
Love me, love my dog.

131 Chi dorme coi cani, si alza con le pulci.
If you lie down with dogs, you will get up with
fleas.

132 Chi il suo cane vuole ammazzare, qualche scusa
sa pigliare.
Give a dog a bad name and hang him.

133 È meglio un cane (asino) vivo che un leone (dot-
tore) morto.
Better a live dog than a dead lion.

134 Il cane del fabbro dorme al rumore del martello
e si desta a quello delle ganasce.
Like the smith's dog that sleeps at the noise of
the hammer, and wakes at the crunching of
teeth.

	135	Non destare il cane che dorme. Let sleeping dogs lie.
	136	Ogni cane è leone a casa sua. Every dog is a lion at home.
Canto	137	Dal canto (frutto) si conosce l'uccello (albero). A bird (tree) is known by its note (fruit).
Capo	138	Chi ha il capo di cera, non vada al sole. If your head is wax, do not walk in the sun.
Cappellano	139	Quale è il cappellano (tal abbate), tale è il sagrestano (tali i monaci). (I frati rispondono come ha intonato l'abate.) *Like priest, like people.*
Carbone	140	Chi il carbone tratta, dal carbone è tinto. *He that touches pitch shall be defiled.*
Carità	141	La carità comincia a casa propria. Charity begins at home.
Carne	142	Non si può avere la carne senz'osso. *No land without stones or meat without bones.*
Carro	143	Dura più un carro rotto che uno nuovo. *An old cart well used may outlast a new one abused.* *A creaking door hangs long on its hinges.*
	144	Un carro di fastidi non paga un soldo di debiti. A pound of care will not pay an ounce of debt.
Casa	145	A casa Poltroni è sempre festa. Every day is a holiday for sluggards.
	146	A casa sua ognuno (ciascuno) è re. Every man is king (master) in his home (house).
	147	Chi fa la casa in piazza, o è troppo alta o troppo bassa. A house built by the wayside is either too high or too low.

148 Chi ha la casa (tegoli) di vetro, non tiri sassi al vicino.
Those who live in glass houses should not throw stones.

149 Dalla casa si riconosce il padrone.
The house shows (discovers) the owner.

150 In casa bene ordinata tutto si trova presto.
In an orderly house all things are always ready.

151 In casa di calzolaio non si hanno scarpe.
The shoemaker's son goes barefoot.
All cobblers go barefoot.

152 In casa dei ladri non ci si ruba.
(Tra furbo e furbo mai non ci si acciuffa.)
There is honor even among thieves.
One thief will not rob another.

153 In casa non c'è pace, quando gallina canta e gallo tace.
It is a sad house where the hen crows louder than the cock.

154 La casa è sempre casa per umile che sia.
Home is home, though it never be so homely.

155 Lontan da casa sua, vicino a qualche disgrazia.
Far from home, near thy harm.

156 Se ognun spazzasse da casa sua, tutta la città sarebbe netta.
If every man would sweep before his own door, the city would soon be clean.

157 Vendi in casa e compra in fiera.
Buy at a fair but sell at home.

Castigare 158 Chi ne castiga uno, cento ne minaccia.
He that chastens (chastises) one, chastens (amends) many.

Catena	159	Le catene d'oro stringon più forte di quelle di ferro. Chains of gold are stronger than chains of iron.
Cattivo	160	Chi perdona ai cattivi (tristi) (al lupo), nuoce ai buoni (alla pecora). Pardoning the bad is injuring the good. Mercy to the criminal may be cruelty to the people.
Causa	161	Tolta la causa, cessato l'effetto. Take away the cause and the effect must cease.
Cavallo	162	A caval donato non si guarda in bocca. Never look a gift horse in the mouth.
	163	A cavallo giovane, cavaliere vecchio. A young trooper should have an old horse.
	√164	Caval che corre non ha bisogno di sprone. Spur not a willing horse.
	165	Cade anche un cavallo che ha quattro gambe. Even a horse stumbles that has four legs.
	166	Mal si giudica il cavallo dalla sella. Don't judge a horse by its harness.
	167	Non basta il cavallo a fare il cavaliere. *There's more to riding than a pair of boots.*
Cespuglio	168	Uno picchia sul cespuglio (leva la lepre), e l'altro agguanta l'uccello (se la prende). One beats the bush and another catches the bird.
Chiedere	169	A chiedere non si perde mai nulla. *It costs nothing to ask.*
Chiesa	170	Vicino alla chiesa, lontan da Dio. The nearer the church, the farther from God.
Chiodo	171	Chiodo caccia chiodo. One nail drives out another.

Cieco	172	Il cieco non giudichi dei colori. Blind men can judge no colors.
	173	In terra di ciechi, chi ha un occhio è signore. In the kingdom of the blind, the one-eyed man is king.
	174	Non c'è peggior (maggior) cieco di chi non vuol vedere. None so blind as those who will not see.
	175	Se un cieco guida un altro cieco, ambedue cadono nella fossa. If the blind lead the blind, both fall into the ditch.
Coda	176	Di coda d'asino non si può fare staccio. *Of a pig's tail you can never make a good shaft.* *You can't make a silk purse out of a sow's ear.*
	177	Muove la coda il cane non per te, ma per il pane. Dogs wag their tails not so much to you as to your bread.
Colpa	178	Chi sta alle scolte sente le sue colpe. *Listen at the keyhole and you'll hear bad news about yourself.*
Colpo	179	D'un colpo solo non s'abbatte la quercia. Con un colpo (al primo colpo) non si taglia (non cade) un albero. An oak is not felled at one stroke.
	180	Un colpo di lingua fa più male di un colpo con la lancia. *The tongue is not steel yet it cuts.* *Words cut more than swords.*
Coltello	181	Chi di coltello ferisce, di coltello perisce. He who lives by the sword, dies by the sword.
Cominciare	182	Chi ben comincia è a metà dell'opera. Well begun is half done. *The first blow is half the battle.*

183 Chi comincia in alto, finisce in basso.
Go up like a rocket and come down like a stick.

184 Chi comincia male, finisce peggio.
An ill beginning, an ill ending.

185 Chi troppo (più) comincia (abbraccia), poco (meno) finisce (stringe).
He who begins many things, finishes but few.
Grasp all, lose all.

Compagnia 186 Con la compagnia non si sente la via.
(Un bel discorso accorcia il viaggio.)
Cheerful company shortens the miles.
No road is long with good company.

187 Le cattive compagnie (i cattivi discorsi) guastano i buoni costumi.
Evil communications corrupt good manners.

Confronto 188 I confronti sono sempre odiosi.
Comparisons are odious.

Consiglio 189 A chi non vuole intendere, mal si può dar consiglio.
In vain he asks advice who will not follow it.

190 Consiglio non richiesto è sospetto.
Unasked-for advice smells bad.

191 È un cattivo consiglio quello che non si può cambiare.
It is an ill counsel that has no escape.

192 Non dare consigli a chi non li chiede.
Give neither counsel nor salt till you are asked.
Come not to counsel uncalled.

193 Non si devono mai prendere consigli da gente andata in malora.
Never trust the advice of a man in difficulties.

	94	Prendi il primo consiglio da una donna, e non il secondo.
		(I primi pensieri delle donne e i secondi degli uomini sono i migliori.)
		Take the first advice of a woman and not the second.
Contento	195	Dopo il contento vien il tormento.
		(Il male va dietro al bene.)
		Sadness and gladness succeed each other.
Conto	196	Chi fa il conto senza l'oste, gli convien farlo due volte.
		He that reckons without his host must reckon again.
	197	Conti spessi e amicizia lunga.
		Short accounts (reckonings) make long friends.
Corda	198	Non nominare la corda in casa dell'impiccato.
		Name not a rope in his house that was hanged.
Corpo	199	Corpo satollo non crede al digiuno.
		Little knows the fat man (sow) what the lean does mean (one thinks).
Cortesia	200	Una cortesia richiede un'altra.
		One good turn deserves another.
Corvo	201	Corvi con corvi non si cavano gli occhi.
		Crows do not pick out crows' eyes.
	202	Il corvo piange la pecora e poi la mangia.
		Crows weep for the dead lamb and then devour him.
	203	Il cattivo corvo fa cattivo uovo.
		Of an evil crow, an evil egg.
	204	Nutri il corvo e ti caverà gli occhi.
		He brought up a crow to pick out his own eyes.
Cosa	205	Cosa prevista, mezza provvista.
		A danger foreseen is half avoided.

206   Cosa rara, cosa cara.
       That thing which is rare is dear.

207   Di due cose l'uomo non dovrebbe mai adirarsi:
       di quel che non può fare e di quel che non può
       impedire.
       Two things a man should never be angry at:
       what he can help and what he cannot help.

208   Tutte le cose sono difficili prima di diventar fa-
       cili.
       All things are difficult before they are easy.

Coscienza   209   Alla coscienza nessuno può sottrarsi.
                       You cannot hide from your conscience.

210   Una buona coscienza è un buon cuscino (guan-
       ciale).
       A good conscience is a soft pillow.

Costo   211   Il costo fa perdere il gusto.
                   The cost takes away the taste.

Costume   212   Dai mali costumi nascono le buone leggi.
                     Good laws spring from bad morals.

Credere   213   Chi presto crede, tardi si pente.
                     *If you trust before you try, you may repent before
                     you die.*

214   Ognuno crede ciò che desidera.
       (Quel che si vuole, presto si crede.)
       We soon believe what we desire.

Critica   215   La critica è facile, ma l'arte è difficile.
                     (È più facile biasimare che far meglio.)
                     It's much easier to be critical than correct.
                     He may find fault that cannot mend.
                     Those who can't, criticize.

Croce   216   Ognuno ha la sua croce.
                   We all have our cross to bear.

Crudo	217	Meglio qualcosa di crudo che nulla di cotto.
		A churl's feast is better than none at all.
		Better a louse in the pot than no flesh at all.
Cucchiaio	218	Non mettere il tuo cucchiaio nell'altrui zuppa.
		Scald not your lips in another man's pottage.
		Thrust not your feet under another man's table.
Cucina	219	Grassa cucina, povertà vicina.
		Fat housekeepers make lean executors.
	220	La cucina piccola fa la casa grande.
		A little kitchen makes a large house.
Cuoco	221	I troppi cuochi guastano la cucina.
		Too many cooks spoil the broth.
	222	Il cuoco non muor di fame.
		A three year drought will not starve a cook.
Cuore	223	Cuore forte rompe cattiva sorte.
		A stout heart crushes ill luck.
	224	Il cuore ha le sue ragioni e non intende ragione.
		The heart has reasons (arguments) that reason does not understand (with which the understanding is unacquainted).
	225	Ogni cuore ha il suo segreto.
		Every heart has its own ache.
Curiosità	226	La troppa curiosità spinge l'uccello nella rete.
		Curiosity killed the cat.

D

Dare	227	Chi dà presto, è come se desse due volte. *He gives twice who gives promptly (quickly).*
	228	Nessun può dare quel che non ha. *No one can give what he has not got.*
Debito	229	Chi paga debito, acquista credito. (Chi non a debiti, è ricco.) *He who pays his debts enriches himself.*
Debitore	230	Chi è debitore, non riposa come vuole. *Let him that sleeps too sound, borrow the debtor's pillow.*
	231	Debitore, mentitore. *Debtors are liars.*
Denaro	232	Chi non ha denaro non vada al mercato. *A moneyless man goes quick through market.*
	233	Il denaro è fratello del denaro. *Money begets money.*
	234	Il denaro è un buon servo e un cattivo padrone. *Make money your servant, not your master.*
Desiderio	235	Se bastassero i desideri, i poveri andrebbero in carrozza. *If wishes were horses, beggars would ride.*
Diavolo	236	Il diavolo non è poi tanto brutto, quanto lo si dipinge. *The devil is not so black as he is painted.*

237 Il diavolo si nasconde dietro la croce.
The devil lurks behind the cross.

238 Il diavolo tenta tutti, ma l'ozioso tenta il diavolo.
The devil tempts all, but the idle man tempts the devil.

239 Quando si nomina il diavolo se ne vede spuntar la coda.
Speak of the devil and he is sure to appear.

240 Se il diavolo trova un vizioso, gli dà subito lavoro.
If the devil finds a man idle, he'll set him to work.

Dimenticanza 241 La dimenticanza è il rimedio dell'ingiuria.
The best remedy for an injury is to forget it.

Dio 242 Chi s'aiuta, Dio l'aiuta.
The Lord (God) helps those who help themselves.

243 Dio castiga tardi, ma castiga largamente.
God stays long, but strikes at last.

244 Dio guarda più all'intenzione che al fatto.
Man punishes the action, but God the intention.

245 Dio guarisce, e il medico è ringraziato.
God heals and the doctor takes the fee.

246 Dio manda il freddo a seconda del mantello.
God sends cold after clothes.

247 Dio mi guardi da quelli che hanno letto un libro solo.
God protect us from him who has read but one book.

248 Dio misura il vento all'agnello tosato.
God tempers the wind to the shorn lamb.

249   Dio non fa mai chiesa che il diavolo non ci
piànti la sua cappella.
Where God has his church, the devil will have
his chapel.

250   Dio non manda mai bocca, che non mandi cibo.
God never sends mouth but he sends meat.

251   Quando Dio aiuta, ogni cosa riesce.
Where God will help, nothing does harm.

252   Quando Dio vuol punire, del vero senno ci fa us-
cire.
Whom the gods would destroy they first make mad.

253   Quando Dio non vuole, i santi non possono.
When it pleases not God, the saint can do little.

Dire   254   Chi dice quel che vuole, ode quel che non
vorrebbe.
He who says what he likes shall hear what he
does not like.

255   Dal detto al fatto c'è un gran tratto.
(Fra il dire e il fare c'è di mezzo il mare.)
From word to deed is a great space.

256   Il dire è una cosa, il fare un'altra.
Saying is one thing, doing another.

Discordia   257   La discordia della gente cattiva è la sicurezza
della buona.
When rogues fall out, honest men come by
their own.

Disgrazia   258   Le disgrazie non vengono mai sole.
Troubles (misfortunes) (misery) never come
singly.

259   Non bisogna svegliare le disgrazie quando dor-
mono.
When sorrow is asleep, wake it not.

Dito   260   Meglio perdere un dito che la mano.
Better to have one eye than be blind altogether.

Dolce	261	Dopo il dolce vien l'amaro. *Every sweet has its bitter.*
Dolcezza	262	La dolcezza acqueta l'ira. *Kindness is a great peacemaker.*
	263	Si guadagna più con la dolcezza che con la violenza. Kindness does more than violence.
Dolciume	264	Dove c'è il dolciume, si riuniscono le mosche. *A fly follows the honey.*
Dolor	265	I grandi dolori sono muti. Great griefs are mute.
Donna	266	Donna ciarliera parla di tutti, e tutti parlano di lei. A gossip speaks ill of all, and all of her.
	267	Tira più un capello di donna che cento paia di buoi. *One hair of a woman draws more than a team of horses.*
	268	Tre donne fanno un mercato e quattro fanno una fiera. *Three women and a goose make a market.*
Dono	269	Dono molto aspettato è venduto e non donato. A gift long waited for is sold, not given.
	270	I piccoli doni tengono viva l'amicizia. *Friendship is a plant that must often be watered.*
	271	Il dono del cattivo è simile al suo padrone. A wicked man's gift has a touch of his master.
Dota	272	Le belle senza dote trovano più amanti che mariti. *A poor beauty finds more lovers than husbands.*
Dubitare	273	Chi non dubita di nulla, non sa mai nulla. He who doubts nothing, knows nothing.

Duro   274   Duro con duro non fa buon muro.
                   Hard with hard makes not the stone wall.

            275   Quel che fu duro a patire, è dolce ricordare.
                   The remembrance of past sorrows is joyful.

E

Educazione	276	L'educazione comincia il gentiluomo, la conversazione lo compie. Education begins a gentleman, conversation completes him.
Erba	277	La mal'erba cresce presto (non si spegne mai). *Ill weeds grow apace.*
	278	L'erba non cresce (nasce) sulla strada maestra. Grass doesn't grow on a busy street (highway) (the trodden path).
	279	Mentre l'erba cresce, il cavallo crepa. While the grass grows, the horse starves.
Eroi	280	Nessuno è eroe davanti al suo cameriere. No man is a hero to his valet.
	281	Non sono tutti eroi quelli che indossano una corazza. *All are not soldiers that go to war.*
Errare	282	Errare è umano (peccare è da uomini), ma perdurare nell'errore diabolico (l'ostinarsi è da bestie). To err is human, to persist in it, beastly.
Errore	283	Errore non è frode. Erring is not cheating.
	284	Gli errori dei medici la terra li copre. The doctor's errors are covered by earth.

Esperienza 285 L'esperienza è madre della scienza.
Experience is the mother of wisdom.

286 L'esperienza è una scuola cara, ma i pazzi non ne
hanno altra.
Experience keeps a dear school, but fools learn
in no other.

287 L'esperienza senza il sapere è meglio che il sapere
senza sapienza.
Experience without learning is better than learning without experience.

Estremo 288 Gli estremi si toccano.
Extremes meet.

F

Fame	289	La fame è il miglior cuoco che ci sia. *Hunger is (makes) the best cook.*
	290	La fame fa uscire (caccia) il lupo dal bosco. *Hunger fetches (drives) the wolf out of the wood.*
	291	La fame muta le fave in mandorle. *Hunger makes hard beans sweet.*
	292	Quando la fame entra dalla porta, l'amore esce della finestra. *When poverty comes in at the door, love flies out the window.*
Famiglia	293	Chi vuol far bella la famiglia, incominci dalla figlia. *First a daughter, then a son, and the family's well begun.*
Famigliarità	294	La troppa famigliarità (confidenza) genera disprezzo (toglie riverenza). *Familiarity breeds contempt.*
Fanciullo	295	Fanciullo che sa, presto muore. *A little too wise never lives long.*
Fare	296	A ben far, non è mai tardi. *It's never too late to do good.*
	297	Chi niente fa, pecca abbastanza. *He that does nothing, does ever amiss.*

posted

298   Chi non fa quando può, non fa quando vuole.
He that will not when he may, when he will he shall have nay.

✓ 299   (Il) fare insegna a fare.
In doing we learn.

300   Se non si può fare come si vuole, si fa come si può.
He that may not do as he would must do as he may.

Fatto   301   I fatti sono frutti (maschi), le parole sono foglie (femmine).
Deeds are fruits, words are but leaves.
Deeds are masculine, words are feminine.

302   Il fatto non si può disfare.
What's done cannot be undone.

Fave   303   Meglio fave in libertà che capponi in schiavitù.
(Meglio libero e povero che schiavo con catena d'oro.)
Lean liberty is better than fat slavery.
A bean in liberty is better than a comfit in prison.

Fede   304   La fede sta nel credere, e non nel vedere.
Faith is the vision of the heart.
Faith is believing what you know isn't so.

305   Chi perde la fede, nessuno gli crede.
Trust not him that has once broken faith.

Felice   306   Felice non è, chi d'esserlo non sa.
He is happy that knows not himself to be otherwise.

307   Non tutti son felici quelli che sembrano tali.
All are not merry that dance lightly.

Ferro   308   Bati il ferro finché è caldo.
Strike while the iron is hot.

posted

Festa	✓ 309	Chi non vuol ballare, non vada alla festa.

Festa ✓ **309** Chi non vuol ballare, non vada alla festa.
(Quando si è in ballo, bisogna ballare.)
If you don't like the heat, get out of the kitchen.

Fidare **310** Chi troppo si fida, spesso grida.
(Chi si fida è ingannato.)
Sudden trust brings sudden repentance.
He who believes easily is easily deceived.

311 Di chi non si fida, non ti fidare.
Never trust a man who doesn't trust others.

312 Fidarsi è bene, non fidarsi è meglio.
To trust is good, not to trust is better.

Figlio **313** Accasa il figlio quando vuoi, e la figlia quando puoi.
Marry your son when you will, your daughter when you can.

314 Figli piccoli fastidi piccoli, figli grandi fastidi grandi.
Little children, little troubles; big children, big troubles.

315 I figli sono cure sicure e consolazioni incerte.
Children are certain cares but uncertain comforts.

316 I figli sono la ricchezza dei poveri.
Children are poor men's riches.

317 I figli succhiano la madre da piccoli e il padre da grandi.
Children suck the mother when young and the father when they are old.

318 Il primo servizio che fa il figlio al padre, è di farlo disperare.
The first service a child does his father is to make him foolish.

319 Spesso piangono (pagano) i figli per la colpa del padre (dei delitti dei padri).
The sins of fathers are visited on the children.

Fine	320	Il fine giustifica i mezzi. The end justifies the means.
	321	Incominciando pensa al fine. Think on the end ere you begin.
	322	La fine corona l'opera. (Dal fine si conosce l'opera.) The end crowns the work.
	323	La fine della passione (dell'ira) è il principio del pentimento. The end of passion is the beginning of repentance.
Fiume	324	A fiume torbido (acqua torbida) guadagno di pescatore (è buona per i pescatori). *It is good fishing in troubled waters.*
	325	Tutti i fiumi vanno al mare. All rivers run to the sea.
Forca	326	Chi è destinato alla forca non annega. (Chi ha da morir di forca, può ballare sul fiume.) He that is born to be hanged, shall never be drowned.
Fortuna	327	A chi ha fortuna, il bue gli fa vitello. *Whom God loves, his bitch brings forth pigs.*
	328	Assai ben balla, a chi fortuna suona. He dances well to whom fortune pipes.
	329	Buona fortuna non dura. *Fortune is made of glass.*
	330	La fortuna è di chi se la fa. *Luck is often pluck.*
	331	L'altrui fortuna è una corda al collo dell'invidioso. *An envious man waxes lean with the fatness of his neighbor.*

332   Vale più la fortuna (un'oncia di sorte) che (cento libbre di) il sapere.
A pocketful of luck is better than a sackful of wisdom.

Forza   333   Buona la forza, meglio l'ingegno.
Skill will accomplish what is denied to force.

334   Contro la forza la ragion non vale.
Might prevails over (overcomes) right.

Fossa   335   Chi scava la fossa agli altri, vi cade dentro egli stesso.
If you dig a pit for others, you fall into it yourself.

Fratello   336   Al fratello piace più veder la sorella ricca, che farla tale.
The brother had rather see his sister rich than make her so.

337   Fratelli, flagelli.
The wrath of brothers is the wrath of devils.

338   Si può vivere senza fratelli ma non senza amici.
You can live without a brother but not without a friend.

Fretta   339   Chi fa in fretta fa due volte.
Hasty work, double work.

340   Chi fa in fretta, ha disdetta.
Haste makes waste.

341   Chi si sposa in fretta, stenta adagio.
Marry in haste, repent at leisure.

Frittata   342   Non si fa nessuna frittata senza rompere le uova.
You can't make an omelette without breaking eggs.

Frizzo   343   Meglio perdere un frizzo che un amico.
Better lose a jest than a friend.

Frutto	344	I frutti proibiti sono i più dolci. Forbidden fruit is sweetest.
Fumo	345	Dove c'è fumo, dev'esserci anche fuoco. (Non si dà fumo senza fuoco.) There's no smoke without fire.
	346	Il fumo del nostro paese ci piace più che il fuoco degli altri. The smoke of a man's country is better than the fire of another's.
	347	Molto fumo e poco arrosto. *Great boast, small roast.*
Furbo	348	Per conoscere un furbo ci vuole un furbo e mezzo. *To a crafty man, a crafty and a half.* *Set a thief to catch a thief.*

G

Galera	349	A rubar poco si va in galera, a rubar tanto si fa carriera. Little thieves are hanged, great ones are honored.
Gallina	350	Chi da gallina nasce (discende dai cani), convien che razzoli (volentieri abbaia). He that is born (comes) of a hen must scrape.
	351	Gallina vecchia fa buon brodo. *Fat hens make rich soup.*
	352	La gallina nera fa l'uovo bianco. A black hen will lay a white egg.
	353	Talvolta anche una gallina cieca trova un granello. *Even a blind pig occasionally picks up an acorn.* *A blind man may sometimes catch (hit) the hare (crow) (mark).*
Gallo	354	È ardito il gallo sopra il suo letame. A cock is bold on his own dunghill.
Gatta(o)	355	Chi di gatta nasce, sorci piglia. (I figli dei gatti mangiono topi.) He that comes of a cat will catch mice. *The son of a cat pursues the rat.*
	356	Chi scherza col gatto, non lagni se è graffiato. (Non scherzar con l'orso se non vuoi esser morso.) Who plays with cats must expect to be scratched.

357   Gatta inguantata non prese mai topo.
        The cat in gloves catches no mice.

358   Gatto rinchiuso diventa leone.
        A cornered cat becomes as fierce as a lion.

359   Gatto scottato dall'acqua calda, ha paura della fredda.
        A scalded cat fears cold water.

360   La gatta vorrebbe mangiar pesci, ma non pescare.
        The cat would eat fish and would not wet her feet.

361   Quando il gatto (la gatta) è fuori (non è in paese), i topi ballano.
        When the cat's away the mice will play.

362   Quando la gatta non può arrivare al lardo dice che è rancido.
        Foxes, when they cannot reach the grapes, say they are not ripe.

363   Un gatto può ben guardare un re.
        A cat may look at a king.

Gelosia   364   Nella gelosia c'è più amor proprio che amore.
        Jealousy is a proof of self-love.

Genio   365   I geni s'incontrano.
        Great minds think alike.

366   Il genio è una follia divina.
        Genius is akin to madness.

367   Il genio è una lunga pazienza.
        Genius is the capacity for taking infinite pains.

Genitori   368   I migliori genitori hanno spesso pessimi figlioli.
        A wise man commonly has foolish children.

Gente   239   La gente povera ha sempre torto.
        The poor suffer all the wrong.

370   La gente savia non si cura di quel che non può avere.
A wise man cares not for what he cannot have.

Giardino   371   Fra i giardini di due vicini sta bene una siepe.
A hedge between keeps fellowship green.
Good fences make good neighbors.

Gioia   372   Gioia presa troppo in fretta torna a disdetta.
Pleasure that comes too thick grows fulsome.

373   Non v'è gioia senza noia.
No joy without annoy.

Giorno   374   Del primo giorno è scolaro il secondo.
(Un giorno è maestro dell'altro.)
Today is yesterday's pupil.

375   Non v'è si lungo giorno che nol segua la notte.
(Il giorno dell'infelice è lungo, ma anch'esso ha fine.)
Long as the day may be, the night comes at last.
The longest day will have an end.

376   Non lodare il giorno prima della sera.
Praise a fair day at night.

377   Ogni giorno non si fanno nozze.
(Ogni dì non è festa.)
Christmas comes but once a year.

378   Un giorno del savio è meglio di tutta la vita dello stolto.
It is better to live like a lion for a day than to live like a lamb for a hundred years.

Giovane   379   Di giovani ne muore qualcuno, ma di vecchi non ne scampa nessuno.
Young men may die, but old must die.

380   Giovane ozioso, vecchio bisognoso.
An idle youth, a needy age.

381 Giovane prodigo in carrozza, vecchio mendico a piedi.
If you lie upon roses when young, you'll lie upon thorns when old.

382 Quel che s'impara da giovane, non si scorda per tutta la vita.
Whoso learns young, forgets not when he is old.
What we learn early we remember late.

Gioventù 383 Chi lavora in gioventù, riposa in vecchiaia.
Application in youth makes old age comfortable.

384 Chi ride in gioventù, piange in vecchiaia.
Reckless youth makes rueful age.

✓ 385 Gioventù vuol fare il suo corso.
Youth will have its swing.

386 Si gioventù sapesse e se vecchiaia potesse.
If youth but knew and age but could do.

Giudice 387 Nessuno può essere giudice di causa propria.
No one ought to be judge in his own cause.

Giurare 388 Chi giura è bugiardo.
He that will swear will lie.

Giustizia 389 Giustizia differita, ingiustizia diventa.
Justice delayed is justice denied.

390 La massima giustizia è la massima ingiustizia.
Extreme justice is (often) extreme injustice.

Gloria 391 A gloria non si va per via fiorita (senza fatica).
No flowery road leads to glory.

Goccia 392 Goccia a goccia s'incava la pietra.
Constant dripping wears away the stone.

Gola 393 Gola degli adulatori, sepolcro aperto.
A flatterer's throat is an open sepulchre.

394 Ne ammazza (uccide) più la gola che la spada.
Gluttony kills more than the sword.

Governare	395	Chi poco governa, bene governa. *That government is best which governs least.*
Gozzo	396	Quando il gozzo è pieno (colombo pasciuto), le ciliegie sono acerbe (ciliegia amara). *When the cat is full, the milk tastes sour.*
Granata	397	Granata nuova, tre dì buona. *New brooms sweep clean.*
Gratitudine	398	La gratitudine conserva le vecchie amicizie e ne procura delle nuove. Gratitude preserves old friendships and procures new.
	399	La gratitudine è il pagamento del povero. Gratefulness is the poor man's payment.
Grazie	400	Col «grazie» non si mangia. *Fair words fill not the belly.* *You can't put thanks into your pocket.*
Grillo	401	Ogni grillo si crede cavallo. *Every sprat nowadays calls itself a herring.*
Guaio	402	I guai vengono senza chiamarli. Sorrow comes unsent for.
Guercio	403	Meglio guercio che cieco. *Better eye sore than all blind.*
Guerra	404	Chi predica la guerra è il cappellano del diavolo. Who preaches war is the devil's chaplain.
	405	Nella guerra d'amore vince chi fugge. In love's wars, he who flies is conqueror.
Gusto	406	Bisogna mangiare secondo il proprio gusto, e vestire secondo il gusto altrui. *Eat to please yourself, but dress to please others.*
	407	Dei gusti non si discute. There is no disputing concerning tastes.

408   Ognuno ha i suoi gusti.
       Everyone to his own taste.

409   Tutti i gusti sono giusti.
       There is no accounting for taste(s).

H

Habere   410   Meglio1un «ho» («to'») (andare) che dieci
                    (cento) «avrò» («ti darò») (andremo).
                    Better to have than to wish.
                    Better is one "Accipe" than twice to say "Dabo tibi."

I

Ignorante   411   Un ignorante trova sempre un altro più ignorante che lo ammira.
A fool always finds a bigger fool to praise him.

Ignoranza   412   L'ignoranza è la madre dell'impudenza.
Ignorance breeds impudence.
Ignorance is the mother of conceit.

413   L'ignoranza è volontaria sciagura.
Ignorance is a voluntary misfortune.

Imparare   414   È meglio non imparare, che imparar male.
Better untaught than ill taught.

415   Impara e saprai.
Learn not, know not.

416   Quel che s'impara bene, dificilmente si dimentica.
What is well learned is not forgotten.

417   Quel che s'impara volentieri, s'impara facilmente.
A man doesn't learn to understand anything unless he loves it.

418   S'impara insegnando.
Men learn while they teach.

Impazienza   419   L'impazienza e l'ira scompigliano tutte le cose.
Anger and haste hinder good counsel.
A little impatience spoils great plans.

420   L'impazienza raddoppia il male.
Impatience does not diminish, but increases the evil.

Impiccato   421   Dispicca l'impiccato, impiccherà poi te.
*Save a thief from the gallows and he'll be the first
to cut your throat.*

Impossibilità   422   Nessuno è obbligato a far l'impossibile.
No one is bound to do the impossible.

423   Non c'è nulla di impossibile.
Nothing is impossible.

Incudine   424   Buona incudine non teme martello.
The anvil fears no hammer.

Industria   425   L'industria è la mano destra della fortuna.
Industry is fortune's right hand (*and frugality
her left*).

Inferno   426   L'inferno è pieno di buone intenzioni e
desideri, ma il paradiso è pieno di buone opere.
Hell is full of good meanings, but heaven is
full of good works.

Inganno   427   L'inganno inganna se stesso (torna a casa
dell'ingannatore).
The cheater finally winds up by cheating himself.

Ingegno   428   L'ingegno senza il giudizio è un fuoco in mano
a un pazzo.
Zeal without knowledge is a fire without light.

429   Un pugno d'ingegno vale un baril di dottrina.
*A handful of common sense is worth a bushel of
learning.*

Ingiuria   430   Le ingiurie sono le ragioni di chi è dalla parte
del torto.
The weaker the argument, the stronger the words.

Ingiustizia	431	Chi sopporta l'ingiustizia vecchia, invita a casa la nuova. (Chi non castiga i delitti, ne causa dei nuovi.) (Chi perdona facilmente, non è temuto da nessuno.) *Pardon one offense and you encourage many.* *He who puts up with insult invites injury.* *Submitting to one wrong brings on another.*
Innocente	432	L'innocente crede ad ogni parola. *A fool believes everything.*
Insulto	433	Meglio piccolo insulto che grave danno. *Better a mischief than an inconvenience.*
Interesse	434	Chi si fa un idolo del suo interesse, si fa un martire della sua integrità. He who makes an idol of his interest makes a martyr of his integrity.
	435	Ognuno cerca il proprio interesse (il suo utile). *Everyone fastens where there is gain.*
Inter-rogazione	436	A buona interrogazione (qual proposta), buona (tal) risposta. (A sfacciata interrogazione, sfacciata risposta.) Like question, like answer. Ask a silly question and you'll get a silly answer.
Invidia	437	L'invidia rode se stessa. *Envy envies itself.*
	438	Peggio è l'invidia dell'amico, che l'insidia del nemico. A friend's envy is worse than an enemy's hatred.
	439	Se l'invidia fosse febbre, tutto il mondo l'avrebbe. If envy were a fever (rash), all mankind (the whole town) would be ill.
Invidiare	440	È meglio essere invidiati che compianti (far invidia che pietà). Better be envied than pitied.

Ipocrisia 441 L'ipocrisia è un omaggio che il vizio rende alla virtù.

Hypocrisy is the homage that vice pays to virtue.

L

| Lacrime | 442 | Che semina con le lacrime, mieterà con la gioia.
They that sow in tears shall reap in joy. |

443   Niente si asciuga così presto come le lacrime.
Nothing dries sooner than tears.

Ladro   444   Cento ladri non possono spogliare un uomo nudo.
No naked man is sought after to be rifled.

445   Chi non ha nulla non ha paura dei ladri.
The beggar may sing before the thief.

446   Chi ruba una volta è sempre ladro.
(Chi è stato furbo una volta, è sempre considerato tale.)
Once a thief (knave), ever a thief (knave).

447   I ladri grandi fanno impiccare i piccoli.
The big thieves hang the little ones.

448   Il ladro crede che tutti sian compagni a lui.
The thief thinks that everyone else is a thief.

449   Non v'è maggior ladro d'un cattivo libro.
There is no thief like a bad book.

450   Quando i ladri s'accapigliano, il contadino recupera la vacca.
When thieves fall out, honest men come into their own.

Lana	451	È meglio dar (perdere) la lana che la pecora. Better give the wool than the sheep.
Lasagna	452	A nessuno piovono le lasagne in bocca. *Roasted ducks don't fly into your mouth.*
Lavorare	453	Chi lavora prega. To work is to pray.
	454	Chi non lavora, non mangia. He that will not work, shall not eat. *No mill, no meal.*
Lavoratore	455	A cattivo lavoratore ogni accetta è senza fila (ogni zappa dà dolore). (La cattiva lavandaia non trova mai una buona pietra.) *A bad shearer never had a good sickle.* *A bad workman always blames his tools.*
Legge	456	È meglio non aver legge, che non farle osservare. Better no law than laws not enforced.
	457	In cento libbre di legge, non v'è un'oncia di amore. In a thousand pounds of law there is not one ounce of love.
	458	Le leggi sono come i ragnatelli. Laws are like cobwebs. *Laws catch flies, but let hornets go free.*
	459	Non c'è legge così generale che non abbia la sua eccezione. There is no rule without an exception.
Leggere	460	Leggere e non intendere è come cacciare e non prendere. To read and not to understand is to pursue and not to take.
Legnaiolo	461	I legnaioli inesperti fanno grosse schegge. *It's not the best carpenter that makes the most chips.*

Legno	462	Anche la legna storta dà fuoco diritto. Crooked logs make straight fires.
	463	Non d'ogni legno si può fare un santo. *Every block is not a Mercury.*
	464	Vesti un legno (una colonna), pare un regno (una bella donna). Dress up a stick and it does not appear to be a stick.
Leone	465	Chi piglia leone in assenza, teme la talpa in presenza. Who takes a lion when absent, fears a mouse present.
Lepre ✓	466	Chi due lepri caccia, l'una non prende e l'altra lascia. If you run after two hares, you will catch neither.
	467	La lepre mal si piglia al suon di tamburo. *A hare is not caught with a drum.*
Letto	468	Come uno si fa il letto, così dorme. As one makes his bed, so must he lie.
	469	Presto a letto e presto alzato, fa l'uomo sano, ricco e fortunato. Early to bed, early to rise, makes a man healthy, wealthy and wise.
Libro	470	I libri, come gli amici, devono essere pochi e ben scelti. Books, like friends, should be few and well chosen.
	471	Il libro serrato non fa l'uomo letterato. A closed book does not produce a learned man.
	472	Non si giudica (bisogna giudicare) un libro dal (suo) titolo. *Don't judge a book by its cover.*

	473	Un buon libro è un buon amico.
		A good book is a great friend.
Lima	474	La lima consuma il ferro.
		A mouse in time may bite in two a cable.
Lingua	475	Chi parla due lingue è doppio uomo.
		The man who knows two languages is worth two men.
	476	Con la lingua in bocca si va dovunque.
		Who has a tongue will find his way.
	477	La lingua batte dove il dente dole.
		The tongue ever turns to the aching tooth.
	478	La lingua è la pittura del pensiero.
		Language is the dress of thought.
	479	La lingua non ha ossa ma fa rompere il dosso (le ossa).
		The tongue breaks bone, and herself has none.
	480	Una lingua lunga è segno d'una corta mano. (Lunga lingua, corta mano.)
		A long tongue is a sign of a short hand.
Litigante	481	Tra i due litiganti il terzo gode.
		Two dogs strive for a bone, and a third runs away with it.
Lode	482	La lode giova al savio e nuoce al matto.
		Praise makes a good man better and a bad man worse.
	483	La lode propria puzza.
		A man's praise in his own mouth stinks.
Lontano	484	Chi minaccia da lontano, tace poi quand'è vicino.
		Dogs that bark at a distance bite not at hand.
Lume	485	Chi fa male, odia il lume.
		He that does ill hates the light.

Luna	486	La luna non cura l'abbaiar dei cani. The moon does not heed the barking of dogs.
Luogo	487	Ogni luogo ha le sue usanze. Every country has its custom.
Lupo	488	Chi ha il lupo in bocca, l'ha sulla groppa. *Speak of the devil and he's sure to appear.*
	489	Chi va (pratica) col lupo, impara a ululare. Who keeps company with the wolf, will learn to howl.
	490	Il lupo cambia il dente ma non la mente (perde il pelo, non il vizio). The wolf may lose his teeth, but never his nature.
	491	Il lupo mangerà chi pecora si fa. He that makes himself a sheep shall be eaten by the wolves.
	492	Il lupo sogna le pecore, e la volpe le galline. *The pig dreams of acorns, the goose of maize.*
	493	Lupo non mangia lupo. Wolves never prey upon wolves.
	494	Morte di lupo, salute di pecora. The death of the wolves is the safety of the sheep.

M

Madre	495	La buona madre non dice «volete?» ma dà. A good mother asks not "Will you?" but gives.
	496	Qual la madre, tal la figlia. Like mother, like daughter.
Maestro	497	Nessun nasce maestro a questo mondo. (Non si diventa maestri in un giorno.) None is born master. *No man is his craft's master on the first day.*
	498	Non c'è miglior maestro della necessità. Necessity is a good teacher.
	499	Ognuno è maestro nell'arte sua. *Every man to his trade.*
Malattia	500	È più facile prevenire una malattia che guarirla. *Prevention is better than cure.*
	501	Le malattie ci dicono quel che siamo. Sickness tells us what we are.
Male	502	A chi vuol far male non manca mai occasione. Who would do ill ne'er wants an occasion.
	503	A mali (malattie) estremi (estreme), estremi rimedi. Desperate evils require desperate remedies.

504 Chi mal fa (pensa) (chi è in difetto), mal pensa (dispensa) (è in sospetto).
Ill-doers are ill-deemers (thinkers).
He that commits a fault thinks everyone speaks of it.

505 Di due mali bisogna scegliere il minore.
Choose the lesser of two evils.

506 Il male viene a carrate (cavallo) e va via a once (se ne va a piedi).
Sickness comes in haste and departs at leisure.

507 Mal comune, mezzo gaudio.
Misery loves company.
Company in distress makes sorrow less.
Trouble shared is trouble halved.

508 Molti mali e poi la morte, tale degli uomini è la sorte.
Life's a bitch and then you die.

509 Non c'è male senza bene.
There is nothing so bad in which there is not something good.

510 Non è mai male per uno che non sia bene per un altro.
One man's fortune is another man's misfortune.
It is an ill wind blows nobody any good.
What is good for one may not be good for another.

511 Non va mai tanto male che non possa andar peggio.
Nothing so bad but it might have been worse.

512 Ogni male ha la sua ricetta (trova il suo balsamo).
There is a salve for every sore.
No wrong without a remedy.

513 Un male ignoto si teme doppiamente.
A man is twice miserable when he fears his misery before it comes.

514   Un male tira l'altro.
       One misfortune (ill) comes on the back (neck)
       of another (worse).

Malvagio   515   I malvagi portano l'inferno nel cuore.
                   A wicked man is his own hell.

Mancanza   516   In mancanza di cavalli trottano gli asini.
                   If you can't get a horse, ride a cow.

Mangiare   517   Si deve mangiare per vivere, non vivere per
                   mangiare.
                   Eat to live, do not live to eat.

Mano   518   Bisogna seminare con la mano e non col sacco.
               Sow with the hand and not with the whole
               sack.

        519   Dalla mano alla bocca spesso si perde la zuppa.
               There's many a slip 'twixt the cup and the lip.

        520   Una mano lava l'altra, e ambedue lavano il viso.
               One hand washes the other, and both wash the
               face.

Mantello   521   Bisogna tagliare il mantello secondo il panno.
                   Cut your coat according to your cloth.

            522   Non bisogna uscir senza mantello, per quanto il
                   sole risplende bello.
                   Although the sun shines, leave not your cloak at
                   home.

Mare   523   A mare tranquillo ogni uomo è pilota.
               (Quando il mare è in bonaccia, tutti san
               navigare.)
               In a calm sea every man is a pilot.
               Any man can be a sailor on a calm sea.

        524   Il mare insegna a pregare.
               He that would learn to pray, let him go to sea.

        525   Loda il mare e rimani a (tieni la) terra.
               Praise the sea but keep on land.

526 Nel mare grosso si pescano i pesci grossi.
Great fishes are caught in great waters.
Big fish are caught in big rivers.

Marinaio 527 Il buon marinaio si conosce col cattivo tempo.
A good seaman is known in bad weather.

Maritarsi 528 Chi si marita fa bene, chi non si marita fa meglio.
Honest men marry soon, wise men not at all.

Marito 529 Meglio il marito senz'amore, che con gelosia.
Better to have a husband without love than with jealousy.

Matrimonio 530 La prima è matrimonio, la seconda compagnia, la terza un'eresia.
The first wife is matrimony, the second company, the third heresy.

Mattina 531 Chi ride la mattina (in venerdì), piange la sera (domenica).
Laugh before breakfast, cry before sunset.
He that sings on Friday will weep on Sunday.

Matto 532 Chi matto manda, matto aspetta.
Send a fool to the market (France), and a fool he'll return.

533 Chi nasce matto (asino), non guarisce mai (asino muore).
He that is born a fool is never cured.

534 I matti mordono e i savi se ne accorgono.
Fools bite one another but wise men agree together.

535 I matti si conoscono dal molto ridere.
Too much laughter discovers folly.
Laughter is the hiccup of a fool.

536 Un matto (pazzo) ne fa cento.
One fool makes many.

537   Un matto sa più domandare che sette savi rispon-
dere.
A fool may ask more questions in an hour than a
wise man can answer in one year.

Medaglia   538   Ogni medaglia (diritto) ha il suo rovescio.
Every medal has its reverse.

Meglio   539   Il meglio (l'ottimo) è (spesso) nemico del bene
(buono).
(Non bisogna voler fare le cose troppo bene.)
Best is often enemy of the good.
Leave well enough alone.

Mendicante   540   Meglio mendicante che ignorante.
It is better to be a beggar than a fool.

Mente   541   Mente sana in corpo sano.
A sound mind, a sound body.

Mentire   542   Ha bel mentir (può dir quel che vuole) chi
vien da lontano.
A traveler may lie with authority.

Mercante   543   Ogni mercante (pentolaio) loda la sua
mercanzia (le sue pentole).
Every peddlar praises his needles.

544   Tanto è mercante chi compra, quanto chi vende.
He that buys and sells is called a merchant.

Merce   545   La buona merce (mercanzia) si loda da sè (se
stessa) (non resta in bottega).
Pleasing ware is half sold.
Good ware makes quick markets.

Mestiere   546   Quattordici mestieri, quindici infortuni.
A dozen trades, thirteen miseries.
Jack of all trades, master of none.

Miele   547   Caro è quel miele che bisogna leccar sulle spine.
Dear bought is the honey that is licked from
the thorn.

548 Non è col dir «miel, miel», che la dolcezza viene in bocca.
It is not by saying "honey, honey" that sweetness will come into the mouth.

549 Ungiti (fatti) di miele, e sarai coperto di (e ti mangeranno le) mosche.
Make yourself all honey and the flies will devour you.
Daub yourself with honey and you will have plenty of flies.

Migliore 550 Di raro miglior è quel che vien dopo.
The next day is never as good as the day before.

Misura 551 In ogni cosa ci vuol misura.
Moderation in all things.

Misurare 552 È meglio misurare due volte che tagliar male.
Better twice measured than once wrong.

Moglie 553 Chi ha moglie ha doglie.
Who has a wife has strife.

554 Chi non ha moglie non ha padrone.
He who has a wife has a master.

555 La buona moglie fa il buon marito.
A good wife makes a good husband.

556 La moglie è la chiave di casa.
The wife is the key of the house.

557 Tra moglie e marito, non mettere dito.
Put not thy hand between the bark and the tree.

Mondo 558 Il mondo dipende dalle opinioni.
It's difference of opinion that makes a horse race.

559 Il mondo vuol essere ingannato.
If the world will be gulled, let it be gulled.

560   Questo mondo è fatto a scale, chi le scende e chi
       le sale.
       The world is a ladder for some to go up and
       some to go down.

561   Tutto il mondo è paese.
       The sun shines everywhere.

Moneta   562   Conserva le monete bianche per le giornate
                     nere.
                     Save your money (lay up) (keep something) for
                     a rainy day.

Montagna   563   Non si può salire una montagna più su della
                      sua cima.
                      The stream cannot rise above its source.
                      However high the eye might rise, it will find the
                      eyebrow above.

Monte   564   I monti stan fermi e le persone camminano.
                   Friends (two men) may meet, but mountains
                   never greet.

565   Ogni monte ha la sua valle.
       Always a valley before a hill.

Morire   566   Si comincia a morire quando si nasce.
                    (Quando comincia la vita, nasce la morte.)
                    As soon as a man is born he begins to die.
                    The first breath is the beginning of death.

Morte   567   La morte guarisce tutti i male.
                   (Morendo ci si libera di tutti i fastidi.)
                   Death is a remedy for all ills.

568   La morte non guarda calendario.
       Death keeps no calendar.

569   La morte pareggia tutti (tutte le partite).
       Death is the great leveler.

570   Prima della morte non chiamare nessuno felice.
       Praise no man till he is dead.

	571	Temer la morte è peggio che morire. Fear of death is worse than death itself.
Morto	572	Al morto non si deve far torto. Never speak ill of the dead.
Mosca	573	Anche la mosca ha la sua ira (collera). *No viper so little, but has its venom.*
	574	Ogni fegatello di mosca è sostanza. *The fly has her spleen, and the ant her gall.*
	575	Si prendono (pigliano) più mosche con una goccia di miele che con un barile d'aceto. Honey catches more flies than vinegar.
Mugnaio	576	Quando il mugnaio sogna, sogna grano e farina. *All thoughts of a turtle are turtle, and of a rabbit, rabbit.* *The pig dreams of acorns, the goose of maize.*
Mulino	577	Al mulino ed alla sposa manca sempre qualche cosa. Mills and wives are ever wanting.
	578	Chi va al mulino s'infarina. He who goes into a mill comes out powdered.
	579	Il mulino di Dio macina piano ma sottile. The mills of God grind slowly, yet they grind exceedingly small.
Mulo	580	Chi nasce mulo non diventa mai cavallo. *A kindy aver will never make a good horse.*
Muro	581	I muri hanno orecchi. Walls have ears.
	582	Il muro che ha buchi invita i ladri. *The hole calls the thief.*
	583	Muro bianco, carta de' pazzi. A white wall is a fool's paper.
Musica	584	Chi paga la musica ha anche diritto di ballare. *He who pays the piper calls the tune.*

N

Nascita   585   Gran nascita è un povero piatto a tavola.
                         (Con la nobiltà non si mangia.)
                         Great birth is a very poor dish at table.

Natura   586   La natura può più dell'arte.
                         Nature passes nurture.

                 587   Le nature diverse han voglie diverse.
                         Different strokes for different folks.

Necessità   588   La necessità è la madre delle (di tutte le) arti
                         (dell'invenzione).
                         Necessity is the mother of invention.

                 589   La necessità (il bisogno) non ha legge (non
                         conosce leggi).
                         Necessity knows no law.

                 590   La necessità fa ardito anche il codardo.
                         *Necessity and opportunity may make a coward val-
                         iant.*

                 591   Più grande la necessità, più vicino l'aiuto.
                         When night's the darkest, dawn's nearest.

Negare   592   Chi tutto nega, tutto confessa.
                         Who denies all, confesses all.

Nemico   593   A nemico che fugge ponte d'oro.
                         For a flying enemy, (make) a golden bridge.

                 594   I nemici di casa sono i peggiori.
                         Nothing worse than a familiar enemy.

595   Il nemico ti fa savio.
      From the enemy you learn a lot.

596   Il tuo nemico è quello dell'arte tua.
      Two of a trade never agree.
      The herringman hates the fisherman.

597   Non ha il maggior nemico l'uomo di se stesso.
      Every man is his own worst enemy.

598   Un nemico è troppo, cento amici non bastano.
      One enemy is too much for a man, and a hundred friends are too few.

Noce   599   Bisogna rompere la noce, se si vuol mangiare il nocciuolo.
               He that will eat the kernel, must crack the nut.

600   Chi pianta noce non mangia noci.
      He that plants a tree, plants for posterity.
      The man who plants pears is a-planting for his heirs.

Nome   601   È meglio aver buon nome, che molte ricchezze.
               A good name is better than riches.

Notte   602   La notte è madre dei consigli (porta consiglio).
               Night is the mother of counsel.

Novità   603   Di ogni novità si parla tre dì.
               The novelty of noon is out of date by night.

Nulla   604   Col nulla non si fa nulla.
               Of nothing comes nothing.

Nuova   605   Le cattive nuove sono le prime ad arrivare.
               Bad news travels fast.
               Ill news comes apace.

606   Nessuna nuova, buona nuova.
      No news is good news.

Nuovo   607   Il nuovo sembra sempre il migliore.
(Di novello, tutto è bello.)
Novelty always appears handsome.
Everything new is fine.

608   Niente (nulla) è nuovo sotto la cappa del sole.
There is nothing new under the sun.

Nuvolo   609   Chi guarda (scruta tutte) le nuvole fa poco
strada (non parte mai).
He that forecasts all perils will never sail the sea.

O

| Oca | 610 | Ognun vede le proprie oche come cigni.
Every man thinks his own geese swans. |

Occasione   611   L'occasione fa l'uomo ladro.
Opportunity makes the thief.

Occhio   612   Gli occhi hanno più credenza che le orecchie.
It is better to trust the eye than the ear.

613   Gli occhi s'hanno a toccare con le gomita.
Never rub your eye but with your elbow.

614   L'occhio attira l'amore.
Looks breed love.

615   L'occhio del padrone ingrassa la possessione.
If the owner keeps his eye on the horse, it will fatten.

616   L'occhio è lo specchio dell'anima.
The eye is the mirror of the soul.

617   Lontan dagli occhi, lontan dal cuore.
Far from eye, far from heart.

618   Occhio per occhio, dente per dente.
An eye for an eye, a tooth for a tooth.

619   Quel che l'occhio vede, il cuor crede.
What the eyes see, the heart believes.

620   Se occhio non mira, cuor non sospira.
What the eye doesn't see, the heart doesn't grieve for.

	621	Vedono meglio quattro occhi che due. Four eyes see more than two.
Odio	622	L'odio è cieco come l'amore. Hatred is blind, as well as love.
Offesa	623	Scordati delle offese, ma non dei benefici. *Write injuries in dust, benefits in marble.*
Oggi	624	L'oggi non deve prendere nulla in prestito dal domani. Today must borrow nothing of tomorrow.
	625	Oggi in figura, domani in sepoltura. Today a man, tomorrow none.
	626	Quello che puoi fare oggi non aspettare domani. Never put off till tomorrow what you can do to-day.
	627	Un oggi vale più di dieci domani. *One today is worth two tomorrows.*
Omero	628	Qualche volta anche Omero sonnecchia. Even Homer sometimes nods.
Onestà	629	L'onestà è la miglior politica. Honesty is the best policy.
Onore	630	Gli onori cambiano i costumi e le maniere. *Honors change manners.*
	631	L'onore nutrisce le arti. Honors nourish arts.
	632	Meglio onore senza vita che vita senza onore. *Better to die with honor than live with shame.*
	633	Onori, pericoli. *The post of honor is the post of danger.*
	634	Quando la gente arriva agli onori, insuperbisce. *When glory comes, memory departs.*
Opera	635	L'opera loda l'artefice (il maestro). *The workman is known by his work.*

636 Opera fatta, maestro in pozzo.
     The river past, and God forgotten.

Operare   637 Chi non opera, critica.
     He may find fault that cannot mend.
     Those who can't, criticize.

Ora   638 Accade in un'ora, quel che non avviene in
     mill'anni.
     It happens in an hour, that happens not in
     seven years.

639 Meglio un'ora troppo presto, che un minuto
     troppo tardi.
     It's better to be an hour too early than a minute
     too late.

Orgoglio   640 L'orgoglio fa colazione con l'abbondanza,
     pranza con la povertà e cena con la vergogna.
     Pride breakfasted with plenty, dined with
     poverty, and supped with infamy.

641 L'orgoglio prende spesso a prestito il mantello
     dell'umiltà.
     Pride often borrows the cloak of humility.

Orlando   642 Contro due non la potrebbe Orlando.
     Not even Hercules could contend against two.

Oro   643 Dove l'oro parla, la lingua tace.
     When gold speaks, other tongues are dumb.

644 L'oro apre tutte le porte, tranne quella del cielo.
     A golden key opens every door, except that of
     heaven.

645 L'oro si prova con la pietra di paragone, e
     l'uomo con l'oro puro.
     Gold is tested by fire, men by gold.

646 Non è tutt'oro quello che luccica (riluce).
     All that glitters is not gold.

Ospite   647 Ospite e pesce dopo tre giorni puzza.
     Fish and visitors smell after three days.

Osso	648	Meglio un osso che niente carne.
		Better a louse in the pot than no flesh at all.
Oste	649	Non domandare all'oste se ha buon vino.
		Ask mine host whether he have good wine.
		No man cries stinking fish.
Ozio	650	L'ozio deve ringraziar se stesso se va a piedi scalzi.
		Idleness must thank itself if it goes barefoot.
	651	L'ozio è il padre dei vizi.
		Idleness is the mother (parent) of all (many) vices.

P

Pace 652 È meglio la pace dei villani che la guerra dei cittadini.
A bad peace is better than a good quarrel.
Better an egg in peace than an ox in war.

653 Se vuoi la pace prepara la guerra.
(Chi vuole la pace, guerra apparecchi.)
If you desire peace, prepare for war.

Padella 654 La padella dice al paiuolo: «Fatti in là che mi tingi.»
(Al corvo disse la cornacchia: «via di qua negro».)
The frying-pan said to the kettle, "Avaunt, black brows!"
The pot calls the kettle black.

Padre 655 A padre avaro, figliuol prodigo.
A miser's son is a spendthrift.

656 Come è il padre, tale è il figlio.
Like father, like son.

657 Basta un padre a governare cento figliuoli, ma cento figliuoli non bastano a governare un padre.
(Un padre mantiene sette figli, e sette figli non mantengono un padre.)
One father is enough to govern one hundred sons, but not one hundred sons one father.

	658	Val più un padre che cento pedagoghi. One father is more than a hundred schoolmasters.
Padrone	659	Il padrone indulgente fa il servo negligente. *Servants will not be diligent where the master's negligent.*
	660	Le preghiere dei padroni sono comandi. The master's wish is his command.
	661	Non si può servire a due padroni (signori). No man can serve two masters.
	662	Non tutti possono essere padroni. Not every man can be a master.
	663	Nuovo padrone (principe), nuova legge (nuove usanze). New lords, new laws.
	664	Tal padrone, tal servitore. Like master, like man.
Paese	665	In ogni paese si leva il sole la mattina e tramonta la sera. *In every country the sun rises in the morning.*
	666	Ogni paese al valentuomo è patria. A wise man esteems every place to be his own country.
	667	Tanti paesi, tante usanze (costumi). So many countries, so many customs.
Paga	668	Secondo la paga, il lavoro. *If you pay peanuts, you get monkeys.*
Pane	669	Più vale un pan con amore, che un cappon con dolore. *Dry bread with love is better than fried chicken with fear and trembling.*

670   Quando è scarso (poco) il pane, vanno bene
anche le croste.
A crust is better than no bread.
Better some of a pudding than none of a pie.

Paradiso   671   In paradiso non ci va in carrozza.
There's no going to heaven in a sedan.

Parente   672   Molti parenti, molti tormenti.
A lot of relatives, a lot of trouble.

Parlare   673   Chi molto parla, spesso falla.
A great talker is a great liar.

Parola   674   La parola di un uomo onesto val quanto la sua
firma.
An honest man's word is as good as his bond.

675   Le buone parole trovano buon luogo.
Kind words go a long way.

676   Le parole volano, gli scritti rimangono.
Words fly, writings remain.

677   Meglio una parola prima che due dopo.
A word before is worth two behind (after).

678   Offende più una cattiva parola che una spada.
Words cut more than swords.

679   Ogni parola non vuol risposta.
Not every question deserves an answer.

680   Parola detta e sasso tirato non sono più suoi.
Words, once spoken, you can never recall.

681   Più delle parole pesano i fatti.
Actions speak louder than words.

Parsimonia   682   La parsimonia è la maggior ricchezza.
Thrift is a great revenue.

Parte	683	La parte degli altri (del compagno) par sempre più grande.
		The grass is always greener on the other side of the fence.
		Our neighbor's ground yields better corn than ours.
Passato	684	Esaminando attentamente il passato si può conoscere l'avvenire.
		Study the past if you would divine the future.
Passera	685	Una passera non diventa falco, anche se vola in alto.
		A carrion kite will never make a good hawk.
Passione	686	Quando è alta la passione, è bassa la ragione.
		Where passion is high, (there) reason is low.
	687	Tutto vince chi ha vinto le proprie passioni.
		He conquers the world who conquers himself.
Pasta	688	Ognuno può far della sua pasta gnocchi.
		Be bold with what is your own.
		Own is own.
Pastore	689	Il buon pastore tosa, ma non scortica.
		It is the part of a good shepherd to shear the flock, not flay it.
Patria	690	La patria è dove s'ha del bene.
		Where it is well with me, there is my country.
		Home is where the heart is.
Paura	691	Chi ha paura non vada alla guerra.
		He that is afraid of wounds must not come near a battle.
	692	Chi ha paura d'ogni foglia (del lupo) (delle spine), non vada al (entri nel) bosco (nella macchia).
		(Chi teme ogni pericolo, se ne stia a casa.)
		He that fears leaves, let him not go into the wood.

693 La paura (lo spavento) è spesso maggiore del
pericolo.
(Una cosa fa spesso più paura che male.)
The fear's greater than the reason for it.
Our worst misfortunes are those which never befall
us.

694 La paura ha spesso più forza dell'amore.
Fear is stronger than love.

Pazienza   695 Con la pazienza (col tempo) la foglia di gelso
diventa seta.
Time and patience (art) change the mulberry
leaf to satin.

696 Con la pazienza si vince tutto.
The world is for him who has patience.
Patient men win the day.

697 La pazienza è una buon'erba, ma non nasce in
tutti gli orti.
Patience is a flower that grows not in every one's
garden.

698 Pazienza spinta all'estremo, furia diventa.
Patience provoked turns to fury.

699 Pazienza vince scienza.
Patience surpasses learning.

Pazzia   700 Se la pazzia fosse dolore, in ogni casa si
sentirebbe stridere.
If folly were grief, every house would weep.

Pazzo   701 Anche il pazzo dice talvolta parole da savio.
A fool may sometimes speak to the purpose.
A fool may give a wise man counsel.

702 I pazzi crescono senza innaffiarli.
Fools grow without watering.

703 I pazzi inventano la moda e i savi la adottano.
Fools make feasts and wise men eat them.

704   I pazzi per lettera sono i maggiori pazzi.
      Learned fools are the greatest fools.

705   Il pazzo e il suo denaro son presto separati.
      A fool and his money are soon parted.

706   Ne sa più un pazzo in casa sua, che un savio in
      casa d'altri.
      A fool knows more in his own house than a wise
      man in another's.

707   Quando non dice niente, non è dal savio il
      pazzo differente.
      *If the fool knew how to be silent, he could sit
      amongst the wise.*

708   Ogni pazzo è savio quando tace.
      Fools are wise as long as silent.

Peccato   709   I peccati di gioventù si piangono in vecchiaia.
                *Every dissipation of youth has to be paid for with
                a draft on old age.*

710   Peccato confessato è mezzo perdonato.
      A sin (fault) confessed is half forgiven.

Pecora   711   Chi non vuol dar la pecora, perde la vacca.
               Penny wise, pound foolish.
               Better give the wool than the sheep.

712   Il numero delle pecore non fa paura al lupo.
      It never troubles the wolf how many the sheep
      may be.

713   La pecora che se ne va sola (si sbranca), il lupo
      (la fiera) la mangia.
      The lone sheep is in danger of the wolf.

714   La pecora per far bè (che bela) perde il boccone.
      The sheep that bleats loses a mouthful.

715   La pecora rognosa (infetta) infetta tutto il
branco (n'ammorba una setta).
One scabbed sheep will mar a flock.
One sickly sheep infects the flock (and poisons
all the rest).

716   Matta è quella pecora che si confessa (confida) al
lupo.
It is a foolish sheep that makes the wolf his con-
fessor.

Pelle   717   Dove non basta la pelle del leone bisogna
attaccarvi quella della volpe. ·
If the lion's skin cannot, the fox's shall.

Pelo   718   Ogni pelo (mosca) ha la sua ombra.
No hair so small but casts its shadow.

Pensare   719   Bisogna prima pensare e poi fare.
Think—then act.

720   Pensa molto, parla poco e scrivi meno.
Think much, speak little, and write less.

721   Si può pensar quel che si vuole, ma non dirlo.
One may think what he dare not speak.

Pensiere   722   I secondi pensieri sono i migliori.
Second thoughts are best.

Pentola   723   La pentola vuota è quella che suona.
(Sono le botti vuote che cantano.)
An empty kettle (barrel) (bowl) (can) makes
the most noise.

724   Ognuno sa che cosa bolle nella sua pentola.
Everyone ought to know his own business best.

Pera   725   Una pera guasta (fradicia) infesta cento pere
sane (ne guasta un monte).
One bad apple spoils the lot.

Perdonare   726   Per essere perdonato bisogna perdonare.
If you want forgiveness, you must be forgiving.
He who wishes to be forgiven must forgive.

727   Perdona a tutti, ma niente a te.
       Pardon all men but never yourself.
       Forgive yourself nothing and others much.

Pericolo   728   Dove non c'è pericolo, non c'è gloria.
                   (Gran pericolo, gran guadagno.)
                   The more danger, the more honor.
                   The post of honor is the post of danger.
                   No risk, no gain.

729   Passato il pericolo (passata la festa), gabbato il
       santo.
       When the voyage is over, the saint is forgot.
       Vows made in storms are forgotten in calms.

730   Senza pericolo, pericolo non si vince.
       Danger is the best remedy for danger.

Perseveranza   731   Alla perseveranza nulla è impossibile.
                       Perseverance will accomplish (conquers) all
                       things.

732   La perseveranza è la madre del successo.
       Perseverance is the keynote to success.

Pesce   733   Il pesce comincia a puzzare dalla testa (dal
                capo).
                Fish begin to stink at the head.

734   Il pesce grosso mangia il piccolo.
       Big fish eat little ones.

Peso   735   Il peso diventa leggero a chi sa portarlo.
               A burden becomes lightest when it is well borne.

736   Il peso è leggero sulle spalle altrui.
       The burden is light on the shoulders of another.

Piacere   737   A ciascun piace il suo.
                  Every man likes his own thing best.

738   Non si (nessuno) può piacere a tutti.
       You can't please everybody.

Piaga	739	È più facile far le piaghe che sanarle.

One is not so soon healed as hurt.

Piano	740	Chi va piano va sano, va lontano.

Slow but sure.

Slow and easy (steady) wins the race.

Piede	741	Il piede del padrone ingrassa il campo.

The master's footsteps fatten the soil.

	742	Non bisogna distendere i piedi più in là della coperta.

Stretch your arm no further than your sleeve will reach.

Do not put your foot further than you can draw it back again.

Piegare	743	È meglio piegare che rompere.

Better bend than break.

Pietra	744	Piccola pietra rovesciar può il carro.

A little stone in the way overturns a great wain.

	745	Pietra mossa, non fa muschio.

A rolling stone gathers no moss.

Pietro	746	Chi loda san Pietro, non biasima san Paolo.

Who praises St.Peter does not blame St. Paul.

Pigrizia	747	La pigrizia è la chiave della povertà.

Sloth is the key (mother) of poverty.

Idleness is the key of beggary.

Pigro	748	Al pigro è difficile ogni cosa.

Sloth makes all things difficult, (but industry all things easy).

	749	Il pigro è sempre in bisogno.

The sluggard must be clad in rags.

Pioggia	750	Dopo la pioggia (tempesta) risplende il sole. (Dietro al nuvolo vien sempre il sereno.) After rain comes sunshine. After a storm, the sun always shines. After the storm comes the calm.
	751	Piccola pioggia fa cessar gran vento. Little rain stills a great wind.
Pittore	752	Con i pittori ed i poeti non bisogna giudicare troppo severamente. *Painters and poets have leave to lie.*
Più	753	Il più comprende il meno. The greater includes (embraces) the less.
Poco	754	Chi ruba il poco (una spilla), ruba anche l'assai (una libbra). He that will steal a pin (an ounce) will steal a better thing (a pound).
	755	Il poco basta, il troppo guasta. *A little wind kindles, much puts out the fire.*
	756	Meglio il poco e certo, che il molto e incerto. *Never quit certainty for hope.* *Better are small fish than an empty dish.*
	757	Meglio poco che nulla. It is better to have little than nothing. *Something is better than nothing.*
	758	Molti pochi fanno un assai. Many small make a great. Many a little makes a mickle.
Polenta	759	Meglio polenta (più vale il fumo) in casa propria, che (l')arrosto in casa d'altrui. *Dry bread at home is better than roast meat abroad.*
Pompa	760	Fuori pompa, in casa fame. *Outside show, inner woe.*

Popolo	761	Ogni popolo ha il governo che si merita. People get the government they deserve.
Porta	762	Porta aperta i santi tenta. (A porta aperta anche il giusto vi pecca.) An open door may tempt a saint. *The righteous man sins before an open chest.*
Povero	763	I poveri cercano il mangiare per lo stomaco, e i ricchi lo stomaco per mangiare. (Al povero manca il pane, al ricco l'appetito.) Poor men seek meat for their stomach, rich men stomach for their meat.
	764	I poveri non hanno parenti. Poverty has no kin.
	765	Il povero fa come può, e il ricco come vuole. *The rich man may dine when he will, the poor man when he may.*
	766	Meglio povero e allegro che ricco e malinconico. *Poverty with security is better than plenty in the midst of fear and uncertainty.* *It is better to be poor and free than rich and a slave.*
Povertà	767	La povertà è priva di molte cose, l'avarizia è priva di tutto. Poverty wants many things, and avarice all.
	768	Povertà è madre di sanità. Poverty is the mother of health.
	769	Povertà non è vizio. Poverty is no sin (crime) (disgrace).
Pozzo	770	Quando sei al pozzo bevi. *Put out your tubs when it is raining.*
	771	Tante volte al pozzo va la secchia, ch'ella vi lascia il manico o l'orecchia. A pitcher that goes to the well too often is broken at last.

Praticare	772	Chi molto pratica, molto impara.

Practice makes perfect.
In doing we learn.

Presto	773	Chi presto giudica, presto si pente.

He that passes judgment as he runs, overtakes repentance.

	774	Presto e bene non vanno insieme (raro avviene).

Good and quickly seldom meet.

Prete	775	Ogni prete (curato) (frate) loda le sue reliquie (la sua cura)(la sua cella).

Each priest praises his own relics.

Principe	776	I principi hanno le braccia (mani) lunghe.

Kings have long arms.

Principio	777	Un buon principio fa un buon fine.

A good beginning makes a good ending.

Promessa	778	Ogni promessa è debito.

A promise is a debt.

Promettere	779	Chi molto promette, poco mantiene.

A man apt to promise is apt to forget.

Prossimo	780	Il primo prossimo è se stesso.

Every man is nearest himself.

Provare	781	Chi vuol troppo provare, nulla prova.

He that proves too much proves nothing.

Puledro	782	Da puledro scabbioso, talvolta cavallo prezioso.

A ragged colt may make a fine horse.

Q

Quercia	783	La quercia cresce da piccola ghianda. Great oaks from little acorns grow.
	784	La quercia non fa limoni. *Go to a pear tree for pears, not an elm.*
Quattrino	785	Chi risparmia quattrini, guadagna quattrini. *A penny saved is a penny earned.*
Quattro	786	Non dir quattro se non l'hai in sacco. Count not four except when you have them in a wallet. *Don't count your chickens before they are hatched.*

R

Raccogliere	787	Si raccoglie ciò che si semina. You shall reap what you sow.
Radice	788	La radice del sapere (imparare) è amara, ma tanto più dolci sono i suoi frutti. Knowledge has bitter roots but sweet fruits.
Ragione	789	Chi ha meno ragione, grida più forte. *Those who are right need not talk loudly.*
	790	La ragione governa il savio e bastona il matto. Reason governs the wise man and cudgels the fool.
Ramo	791	Ognuno ha un ramo di pazzia. *Every man has a fool up his sleeve.*
Rasoio	792	Chi affoga si attaccherebbe (s'appiccherebbe) ai rasoi (alle funi del cielo). *A drowning man will catch at a straw.*
Regalo	793	Chi accetta regali vende la sua libertà. He who receives a gift, sells his liberty.
Reputazione	794	Buona reputazione val più di gran ricchezza. *A good reputation is more valuable than money.*
	795	Le ferite alla reputazione di rado guariscono. *A wounded reputation is seldom cured.*
Ricco	796	È ricco chi si contenta di poco. *The greatest wealth is contentment with little.*

Riconoscenza 797 La riconoscenza è la memoria del cuore.
Gratitude is the memory of the heart.

Ridere 798 Ride bene chi ride l'ultimo.
He who laughs last laughs best.

Riflettere 799 Chi troppo riflette, nulla fa.
He who hesitates is lost.

Rimedio 800 A tutto c'è rimedio fuorché alla morte.
(Contro la morte erba non cresce.)
There is a remedy for all things but death.

801 Dove non c'è rimedio, il pianto è vano.
Past cure, past care.
Never grieve for what you cannot help.

802 Spesso è peggiore il rimedio (la cura) che il male
(la malattia).
The remedy may be worse than the disease.

Ringraziare 803 Il ringraziare non paga debito.
Thanks is poor pay.
Old thanks pay not for a new debt.

Roba 804 La roba mal acquistata (di mal acquisto) non
arricchisce (se la porta il vento).
(Le cose di mal acquisto hanno i denti
velenosi.)
Ill-gotten goods seldom prosper.
Evil gotten, evil spent.

805 Poca roba, poco pensiero.
Little gear, less care.

Roma 806 Domandando si va (chi lingua ha va) a Roma.
He who uses his tongue shall reach his destination.

807 Non tutti possono andare a Roma e vedere il
Papa.
Everyone can't be first.
Every fish is not a sturgeon.
All flesh is not venison.

808   Quando a Roma vai, fa come vedrai.
       When in Rome, do as the Romans (do).

809   Roma non fu fatta in un giorno.
       Rome was not built in a day.

810   Tutte le vie (strade) conducono a Roma.
       All roads lead to Rome.

Rondine   811   Una rondine non fa primavera.
       One swallow does not make a spring (summer).

Ronzino   812   Tanto mangia un ronzino quanto un buon
       cavallo.
       A jade eats as much as a good horse.

Rosa   813   Non c'è rosa senza spine.
       No rose without a thorn.

Rumore   814   Assai rumore e poca lana.
       Great cry and little wool.

Ruota   815   La peggior ruota (del carro) è quella che stride
       (sempre più cigola).
       (Ruota rotta sempre cigola.)
       The worst wheel of a cart makes the most
       noise.

816   Piccole ruote portano gran pesi.
       Great engines turn on small pivots.

Ruscello   817   I piccoli ruscelli fanno i grandi fiumi.
       Little streams make big rivers.

S

Sacco	818	Sacco vuoto non sta in piedi. An empty sack won't stand alone.
Sagezza	819	Spesso sotto vili pani molta sagezza si nasconde. *Under a ragged coat lies wisdom.*
Salutare	820	Come voi saluterete, sarete salutati. As you salute, you will be saluted.
Salute	821	La salute non si paga con valute. *Wealth can buy no health.*
Sangue	822	Il sangue non è acqua. *Blood is thicker than water.*
Sano	823	Facile è al sano consigliar l'infermo. (Il sano consiglia bene il malato.) *It is easy for a man in health to preach patience to the sick.*
Santo	824	A ogni santo (tal signore) la sua candela (tal onore). *Honor to whom honor is due.*
	825	Il santo nella sua città, rare volte è onorato. (Niuno è profeta in patria.) A saint has no value in his own house. No man is a prophet in his own country.
	826	Maggiore il santo, maggiore la sua umiltà. *The more noble, the more humble.*

827 Non sono tutti santi quelli che vanno in chiesa.
All are not saints that go to church.

Sapiente **828** Non è sapiente chi ha letto molto, ma chi ha letto bene.
'Tis not how much but how well we read.

Sardella **829** Bisogna rischiare (buttare) sardelle (la scárdova) per prendere (aver) lucci (il salmone).
Venture a small fish to catch a great one.
Throw out a sprat to catch a mackerel.

Savio **830** Al savio non s'addice inciampar due volte.
Only a fool makes the same mistake twice.

831 Al savio (buon intenditor) poche parole (bastano).
A word to the wise is sufficient.

832 Bisogna che il savio porti il pazzo in ispalla.
The wise man must carry the fool on his shoulders.

833 Dopo il fatto ognuno è savio.
Everyone is wise after the event.

834 Il savio non è mai solo.
A wise man is never less alone than when he is alone.

835 Meglio pianger coi savi, che rider coi pazzi.
It is better to sit with a wise man in prison than with a fool in paradise.

836 Nessuno è savio in ogni tempo.
No man is wise at all times.

837 Non è sempre savio chi non sa esser qualche volta pazzo.
The wise man may sometimes play the fool.

Sbagliare **838** Lo sbagliare è degli uomini, il persistere degli imbecilli.
We all err, but only fools continue in error.

839   Sbagliando s'impara.
      We learn by our mistakes.

Scala   840   Chi tiene la scala non è meno reo del ladro.
              (Tanto è ladro chi ruba, che chi tiene il sacco.)
              (Il ricettatore non è meno disonesto del ladro.)
              He who holds a ladder is as bad as the thief.
              The receiver is as bad as the thief.

Scarpa   841   Dove stringe la scarpa, lo sa chi ce l'ha nei
               piedi.
               None knows where the shoe pinches like the
               one who wears the shoe.

         842   È meglio consumar le scarpe che le lenzuole.
               Better wear out shoes than sheets.

         843   Le scarpe vecchie non si buttano via prima di
               avere le nuove.
               Don't throw away your old shoes before you get
               new ones.

         844   Una scarpa non è buona per ogni piede.
               (Non tutti i piedi stanno bene in una scarpa.)
               Every shoe fits not all feet.

Scherzare   845   Chi scherza con altrui (chi beffa), non si sdegni
                  se altri scherza con lui (sarà beffato).
                  If you give (make) a jest, you must take a jest.

            846   Spesso si dice scherzando quel che si vuole sul se-
                  rio.
                  There's many a true word said in jest.

Scherzo   847   Lo scherzo del forte è la morte del povero.
                (Quel che è scherzo pel gatto, è morte pel
                topo.)
                The pleasures of the mighty are the tears of the
                poor.
                It is no play where one weeps and another laughs.

          848   Scherzo lungo non fa mai buono.
                Don't carry a joke too far.

| Scienza | 849 | La scienza è un tesoro che accompagna chi la possiede in ogni dove. |
| | | *Knowledge is the treasure of the mind.* |

| Scimmia | 850 | La scimmia è sempre scimmia, anche vestita di seta. |
| | | *An ape's an ape, a varlet's a varlet, though they be clad in silk or scarlet.* |

| | 851 | Ogni scimmia trova belli i suoi scimmiotti. |
| | | *The owl (crow) thinks her own young fairest.* |

| Scintilla | 852 | Piccola scintilla può bruciare una villa. |
| | | A little spark kindles a great fire. |

| Scusa | 853 | Alle persone oziose non mancano mai scuse. |
| | | Idle folks lack no excuses. |

| Scusare | 854 | Chi si scusa, s'accusa. |
| | | He who excuses himself, accuses himself. |

| Se | 855 | Se non ci fosse il se e il ma, si sarebbe ricchi. |
| | | If it wasn't for the "ifs," you would be rich. |

| Segreto | 856 | Segreto confidato non è più segreto. |
| | | *A secret's a secret until it's told.* |

Seme	857	Buon seme dà buoni frutti.
		The fruit of a good tree is also good.
		Of evil grain no good seed can come.

Seminare	858	Chi ben (mal) semina, ben (mal) raccoglie.
		As you sow, so shall you reap.
		Sow thin, mow thin.

| | 859 | Chi non semina non raccoglie. |
| | | *No sowing, no reaping.* |

| | 860 | Uno semina, e l'altro raccoglie. |
| | | What one man sows, another reaps. |

| Serpe | 861 | Chi è morso dalla serpe, teme la lucertola. |
| | | *A man once bitten by a snake will jump at the sight of a rope.* |

Seta	862	Se non puoi portare la seta, porta la lana.
		If thou hast not a capon, feed on an onion.
		He that may not do as he would, must do as he
		may.
	863	Sete e raso spengono il fuoco in cucina.
		Silks and satins (+ scarlet and velvet) put out the
		kitchen fire.
Silenzio	864	Il silenzio è consenso.
		(Chi tace, acconsente.)
		Silence gives consent.
	865	Spesso il silenzio è una risposta eloquente.
		No answer is also an answer.
Simile	866	Ogni simile ama il suo simile.
		Like loves like.
	867	Scegli per compagno il tuo simile.
		Equals make the best friends.
Soccorso	868	Meglio soccorso ai vivi che incenso ai morti.
		We must live by the living, not by the dead.
Soldo	869	Chi non ha un soldo in tasca, deve avere il
		miele in bocca.
		If you have no money in your purse, you must
		have honey in your mouth.
Sole	870	Anche il sole ha le sue macchie.
		There are spots even in the sun.
	871	Dove entra il sole non entra il medico.
		Where the sun enters, the doctor does not.
	872	Non lasciar tramontare il sole sull'ira tua.
		Let not the sun set on your anger.
Solo	873	Meglio soli che male accompagnati.
		Better alone than in bad company.
Somigliare	874	Chi si somiglia si piglia.
		Like will to like.
		Birds of a feather flock together.

Sordo	875	È un gran sordo quel che non vuol sentire. None so deaf as those who will not hear.
Speranza	876	Chi si pasce di (vive di) speranza, muore di fame (male pranza e peggio cena). He who lives by (on) hope will die by hunger (has a slender diet).
	877	La speranza è il pane (la ricchezza) dei poveri (miseri). Hope is the poor man's bread.
	878	La speranza è un sogno nella veglia. Hope is but the dream of those that wake.
Spina	879	Al nascer la spina porta la punta in cima. *It early pricks that will be a thorn.*
Stalla	880	Mal si serra la stalla quando sono fuggiti i buoi. *It's too late to shut the stable door after the horse has bolted (been stolen).*
Stolto	881	Ciò che lo stolto fa in fine, il savio fa in principio. What a fool does in the end, the wise man does in the beginning.
	882	Gli stolti (i matti) fanno le feste e gli accorti (i savi) se le godono. Fools give parties, sensible people go to them.
	883	Quando lo stolto ha preso partito, il mercato è bell'e finito. When a fool has made up his mind, the market has gone by.
Strada	884	La strada di mezzo è la più sicura. A middle course is the safest.
Sultano	885	Chi è sano è da più del Sultano. Health is better than wealth.
Suocera	886	La suocera non pensa mai che ella fu nuora. The mother-in-law remembers not (forgets) that she was a daughter-in-law.

Superbia   887   Quando la superbia galoppa, la vergogna siede
                       in groppa.
                       When pride rides, shame lacqueys.

Superfluo   888   Chi compra il superfluo, si prepara a vendere
                       (presto vende) il necessario.
                       Buy what you have no need of and ere long
                       you shall sell your necessaries.

T

Tamburo	889	Dove parlano tamburi, tacciono le leggi. Where drums beat, laws are silent.
Tardi	890	Meglio tardi che mai. Better late than never.
	891	Tardi si risparmia quando non se n'ha più. Too late to spare when the bottom is bare (when all is spent).
Teatro	892	Teatro è il mondo e l'uomo è marionetta. The world is a stage and all the people in it actors.
Tempo	893	Altri tempi, altri costumi. Other times, other customs (manners).
	894	Chi ha tempo, ha vita. He that has time, has life.
	895	Il tempo è moneta (denaro). Time is money.
	896	Il tempo è un gran medico. *Time is a great healer.*
	897	Il tempo tutto mangia e tutto reca. (Il tempo consuma ogni cosa.) Time devours all things.
	898	Mutansi i tempi e noi con quelli ancora. Times change, and we change with them.

Tentare	899	A chi nulla tenta, nulla riesce. (Chi non s'avventura/risica/arrischia, non ha ventura/rosica/non acquista.) *Nothing venture(d) (stake), nothing gain(ed) (draw).*
Terra	900	Chi ha terra, ha guerra. Who has land, has war.
Testa	901	Chi non ha testa (giudizio), abbia gambe. *What you haven't got in your head, you have in your feet.* *What your head forgets, your heels must remember.*
	902	È meglio esser testa (capo) di asino (formica)(gatto)(lucertola) che coda di cavallo (leone) (drago). Better be the head of an ass (lizard) *(dog) (fox) (mouse)* than the tail of a horse (lion).
	903	La testa dell'ozioso è l'officina del diavolo. *An idle brain is the devil's workshop.*
	904	Tante teste, tante opinioni (idee) (tanti cervelli). As many men, as many opinions. So many heads, so many wits.
	905	Una buona testa vale più di cento braccia. *One good head is better than a thousand strong hands.*
Testimonio	906	Val più un testimonio di vista che dieci (mille) d'udito. One eyewitness is better than ten hearsays.
Tignoso	907	Il tignoso non ama il pettine. Scabby heads love not the comb.
Timone	908	Chi non si lascia governare dal timone, sarà governato dagli scogli. Who will not be ruled by the rudder must be ruled by the rock.
Timore	909	Nulla è più da temere del timore. The only thing we have to fear is fear itself.

Topo 910 Triste è (guai a) quel topo che ha un buco solo
(per salvarsi).
The mouse that has but one hole is soon caught.

Torto 911 Il torto non sta mai da una parte sola.
There are faults on both sides.

Tradimento 912 Tradimento piace assai, traditor non piace mai.
We love the treason but hate the traitor.

Traduttore 913 Traduttori, traditori.
Translators, traitors.

Trappola 914 Chi fa una trappola ne sa tender cento.
(Chi fece un, fece mille.)
He that makes one basket can make one hundred.

Trino 915 Ogni trino è perfetto.
All good things go by threes.
All things thrive at thrice.

Trionfo 916 Non convien cantare il trionfo prima della
victoria.
Do not triumph before the victory.
Don't sing your triumph before you have
conquered.

Troppo 917 Ogni troppo sta per nuocere.
Too much of aught is good for nought.

918 Tutti i troppi sono troppi.
Every extremity is a fault.

U

Ubbidire	919	Chi non sa ubbidire non sa comandare. *If you wish to command, learn to obey.*
	920	Imparando a ubbidire s'impara a comandare. By learning to obey, you will know how to command.
Uccello	921	Ad ogni uccello, il suo nido è bello. Every bird likes its own nest.
	922	Al cantare l'uccello, al parlare il cervello. A bird is known by its note, and a man by his talk.
	923	Cattivo quell'uccello che sporca il suo nido. It is an ill bird that fouls its own nest.
	924	Gli uccelli si appaiono co' loro pari. Birds of a feather flock together.
	925	L'uccello mattiniero cattura il verme. *The early bird catches the worm.*
	926	Non cessar per gli uccelli di seminar piselli. *Forbear not sowing because of birds.*
	827	Un uccello in mano ne val due nel bosco. (Meglio un uccello in gabbia che cento per aria.) A bird in the hand is worth two in the bush.
Umiltà	928	L'umiltà è la corona di tutte le virtù. *Humility is the foundation of all virtues.*

Unione	929	L'unione fa la forza.
		In union there is strength.
Uno	930	Uno e nessuno è tutt'uno.
		One man is no man.
Uomo	931	L'uomo è lupo all'uomo.
		Man is to man a wolf.
	932	L'uomo onesto si contenta della sua onestà.
		No honest man ever repented of his honesty.
	933	L'uomo per la parola, e il bue per la corna.
		An ox is taken by the horns and a man by the tongue.
		Tell an ox by his horns, but a man by his word.
	934	L'uomo propone e Dio dispone.
		Man proposes and God disposes.
	935	Tutto cede all'uomo forte e risoluto.
		A wilful man will have his way.
		The brave man and the waterfall channel their path.
	936	Uomo lento non ha mai tempo.
		Idle folks have the least leisure.
	937	Uomo solitario, o angelo o demone.
		A solitary man is either a beast or an angel.
Uovo	938	È meglio un uovo oggi che una gallina domani.
		(Un bene oggi ne vale due domani.)
		Better an egg today than a hen tomorrow.
Uscio	939	L'uscio di dietro è quello che ruba la casa.
		The back door robs the house.

V

Vanagloria	940	La vanagloria è un fiore che mai non porta frutta. Vainglory blossoms but never bears.
Vecchiaia	941	La vecchiaia è una malattia di cui bisogna morire. Old age is a malady of which one dies.
Vecchio	942	Chi non vuol diventare vecchio, si impicchi da giovane. If you would not to live to be old, you must be hanged when you are young.
	943	I vecchi portano la morte davanti e i giovani dietro. The old man has his death before his eyes, the young man behind his back.
	944	I vecchi son due volte fanciulli. (La vecchiezza è una seconda fanciullezza.) Old men are twice children.
Vendetta	945	La miglior vendetta è il perdono. The noblest vengeance is to forgive.
Vento	946	Bisogna navigare quando il vento è propizio. *Hoist your sails when the wind is fair.*
	947	Bisogna navigare secondo il vento. As the wind blows, you must set your sail.

948 Chi semina vento, raccoglie tempesta.
He that sows the wind, shall reap the whirlwind.

Ventre 949 Ventre digiuno non ode nessuno.
A hungry belly has no ears.

950 Ventre pieno fa testa vuota.
A fat belly, a lean brain.
Fat paunches have lean pates.

Ver 951 Ogni ver non è ben detto.
All truths are not to be told.

Vergogna 952 Chi a poca vergogna, tutto il mondo è suo.
He who is without shame, all the world is his.

Verità 953 La verità è nel vino.
In wine there is truth.

954 La verità non invecchia mai.
Truth never grows old.

955 La verità viene sempre a galla.
Truth and oil are ever above.

Via 956 La via dell'inferno è lastricata di buone intenzioni (buoni proponimenti).
The road to hell is paved with good intentions.

957 Sulla via battuta da molti non cresce l'erba.
Grass doesn't grow on a busy street.
A trodden path bears no grass.

Viaggio 958 In lunghi viaggi anche la paglia pesa.
In a long journey even straw weighs.

Vicino 959 Ama il tuo vicino, ma non togliere la siepe.
Love your neighbor, but pull not down your hedge.

960 Chi ha un buon vicino, ha buon mattino (mattutino).
A good neighbor is a good morrow.

Vino 961 Il buon vino non vuol frasca.
Good wine needs no bush.

	962	Il vino è il latte dei vecchi. Wine is old men's milk.
	963	Vino dentro, senno fuori. (Dove entra il bere, esce il sapere.) When wine is in, wit is out.
Violenza	964	Violenza non dura a lungo. Nothing that is violent is permanent.
Virtù	965	La virtù è premio a se stessa. Virtue is its own reward.
	966	La virtù sta nel difficile. *Virtue rejoices in trial.* *Virtue flourishes in misfortune.*
	967	La virtù tien la via di mezzo. Virtue is found in the mean.
Visita	968	Le migliori visite sono le più brevi. A short visit is best.
	969	Le visite rare accrescono l'amicizia. *Short visits and seldom are best.*
Vita	970	Finché c'è vita, c'è speranza. While there's life, there's hope.
	971	La vita è breve e l'arte è lunga. Art is long, life is short.
	972	La vita è già mezzo trascorsa anziché si sappia che cosa sia. Life is half spent before we know what it is.
	973	La vita è un sogno. Life is but a dream.
	974	Vita privata, vita beata. *Hidden life, happy life.*
Vitello	975	Chi ha rubato il vitello può rubare la vacca. *He that steals an egg will steal a chicken.*

Vittoria 976 Grande vittoria è quella che si ottiene senza sangue.
The real lasting victories are those of peace and not of war.

977 La più gloriosa vittoria è vincere sé stesso.
He who conquers himself, conquers the world.
He conquers twice who conquers himself.
Real glory springs from the silent conquest of ourselves.

Vivere 978 Bisogna vivere e lasciar vivere.
Live and let live.

979 Chi ben vive, ben muore.
(Chi fa buona vita, fa buona morte.)
They die well that live well.
A good life makes a good death.

980 Chi vive carnalmente, non può vivere lungamente.
He that lives carnally, won't live eternally.

981 Finché si vive, sempre s'impara.
(Più si vive e più s'impara.)
Live and learn.

982 Meglio vivere ben che vivere a lungo.
Better to live well than long.

983 Si vive per imparare, e s'impara per vivere.
Today life is our school, tomorrow our school is life.

Vizio 984 Costa più un viziolo che un figliolo.
What maintains one vice would bring up two children.

985 I vizi s'imparano anche senza maestri.
Vices are learnt without a teacher.

986 Quando tutti i vizi sono vecchi, l'avarizia è ancora giovane.
When all sins grow old, covetousness is young.

	987	Un vizio chiama l'altro.
		No vice goes alone.
Voce	988	Voce di popolo, voce di Dio.
		The voice of the people is the voice of God.
Voglia	989	Dove la voglia è pronta, le gambe son leggere.
		Where your will is ready, your feet are light.
Volere	990	Cento che vogliono, sono più forti di mille che evono.
		One volunteer is worth two pressed men.
	991	Quel che si vuole avere si ottiene.
		It is easy to do what one's self wills.
		All things are easy that are done willingly.
	992	Volere è potere.
		If you will, you can.
Volontà	993	A buona volontà, non manca facoltà.
		Where there's a will there's a way.
Volpe	994	La volpe in vicinato non fa mai danno.
		The fox preys farthest from his home (den).
	995	Quando la volpe predica, guardatevi galline.
		When the fox preaches, then beware your geese.
	996	Tutte le volpi alla fine si rivedono in pellicceria.
		At length the fox is brought to the furrier.
	997	Volpe che dorme vive sempre magra.
		The sleeping fox catches no poultry (geese).

Z

Zoppo	998	Chi burla lo zoppo, badi di essere diritto. He that mocks a cripple ought to be whole.
	999	Chi va con (pratica) lo zoppo impara a zoppicare. He that dwells next door to a cripple, will learn to halt.
Zucchero	1000	Troppo zucchero guasta la salsa (le vivande). *Too much sweet spoils the best coffee.* *Even sugar itself may spoil a good dish.*

BIBLIOGRAPHY

Ageno, Franca. "Premessa a un repertorio di frasi proverbiali." *Romance Philology*, 13 (1959-60), 242-264.

Airoldi, A. *Cinquecento proverbi ascoltati in Brianza.* Inverigo: Graffiti, 1993.

Alaimo, Emma. *Proverbi siciliani.* Milano: Martello, 1970.

Albrici, Angel. *Giona pio de Bertoldo. Duemila cinquecento proverbi e modi di dire antichi e moderni in dialetto bresciano.* Brescia: Geroldi, 1969.

Altamura, Antonio & Giuliani, Vincenzo. *Proverbi napoletani.* Napoli: Fausto Fiorentino, 1966.

Arthaber, Augusto. *Dizionario Comparato di Proverbi e Modi Proverbiali in Sette Lingue: italiana, latina, fraancese, spagnola, tedesca inglese, greca antica.* Milano: Hoepli, 1989.

Attanasio, Sandro. *Parole di Sicilia: frasi, espressioni, detti, paragoni, proverbi e vastasate.* Milano: Mursia, 1977. Revised 1989.

Bassignana, Enrico. *Fiocà d gene i proverbi piemontesi su giorni, mesi e stagioni.* Cavallermaggiore: Gribaudo, 1991.

Bellonzi, Fortunato. *Proverbi toscani.* Milano: Martello, 1968.

Beltram, Z.F. & Matalon, Z.N. *Proverbi friulani.* Milano: Giunti Martello, 1978.

Beltramini, Gino. *Proverbi veronesi.* Verona: Edizioni di Vita Veronese, 1965.

Benas, Baron Louis. "On the Proverbs of European Nations." *Proceedings of the Literary and Philosophical Society of Liverpool,* no. 32 (1877-78), 291-332.

Benvenuti Stefano, DiRosa Salvatore. *Proverbi italiani.* Vicenza: Club degli Editori, 1980.

Bertini, C.L. *Proverbi piemontesi.* Novara, 1896.

Besso, Marco. *Roma e il Papa nei proverbi e nei modi di dire.* Roma: Fondazione M. Besso, 1971.

Bianchi, G. *Proverbi e modi proverbiali veneti.* Milano, 1901.

Bianchini, Giuseppe. *Modi proverbiali e motti popolari toscani.* Bologna: Forni, 1900.

Bigalke, Rainer. *Mille sentenze e detti lucani.* Heidelberg: C. Winter, 1986.

Braun, Peter, and Krallmann, Dieter. "Inter-Phraseologismen in europäischen Sprachen." *Internationalismen. Studien zurinterlingualen Lexikologie und Lexikographie.* Eds. P. Braun, Burkhard Schaeder, and Johannes Volmert. Tübingen: Max Niemeyer, 1990. 74-86.

Bruni Tommaso. *Proverbi, modi di dire e sentenze proverbiali abruzzesi.* Bologna: Forni, 1907.

Bruschi, Renzo. *Vocabolario del dialetto del territorio di Foligno.* Perugia: 1980. pp.467-503. ("Proverbi").

Cannella, Gerlanda. *Centodieci proverbi.* Palermo: ILA Palma, 1990.

Cascioli, Lino. *Proverbi e detti romaneschi.* Roma: Newton Compton, 1987.

Cassani, Angelo C. *Saggio di proverbi triestini.* Bologna, 1860.

Celant, Ennio. *Proverbi liguri commentati.* Palermo: Il vespro, 1978.

Chiecchi, Giuseppe. "Sentenze e Proverbi nel Decameron." *Studi sul Boccaccio,* 9(1975-76), 119-168.

Cibotto, G.A. *Proverbi del veneto.* Milano: Martello, 1969.

_____. *Proverbi romaneschi.* Firenze: Martello, 1975.

Cirese, Alberto Mario. *Prime annotazione per una analisi strutturale dei proverbi.* Caglairi: Università, 1968.

_____. *I proverbi - struttura delle definizione.* Urbino: Centre Internazionele di Semiotica e di Linguistica, 1972.

_____. "Note sui proverbi de preferanza." *Traditiones. Zbornik instituta za slovensko narodopisje,* 5-6 (1976-77), 79-88.

Comini, Leone. *Motti e detti friulani.* Venezia: Helvetia, 1982.

Compagnoni, Martino, Mora Vittorio. *1000 proverbi bergamaschi*. Clusone(BG): Cesare Ferrari, 1981.

Consiglio, Alberto. *Dizionario filosofico napoletano: detti, motti e proverbi*. Roma: Benincasa, 1971.

Cornazzano, Antonio. *De proverbiorum origine*. Piacenza, 1503.

Corso, Raffaele. "Proverbi giuridici italiani." *Rivista italiana di sociologia*, 20 (1916), 531-592.

Crane, T.F. "Sicilian Proverbs." *Lippincott's Magazine*, 35 (1885), 309-313.

Cucinotta, Cosimo. *Proverbi calabresi commentati*. Palermo: Edikronos, 1981.

DeCarlo, Cosimo. *Proverbi dialettali del Leccese*. Bologna: Forni, 1928.

DeDonno, Nicola G. *516 proverbi salentini*. Galatina: Congedo, 1994.

_____. *Dizionario dei proverbi salentini*. Galatina: Congedo, 1995.

_____. *Prontuario salentino dei proverbi*. Galatina: Congedo, 1991.

DeMozzi, Gino. *Motti, detti e proverbi trentini*. Trento: Temi Tipografia, 1978.

DeNino, Antonio. *Proverbi abruzzesi*. Bologna, 1877.

Della Sala Spada, Agostino. *Proverbi monferrini*. Villanova Monferrato: Diffusioni Grafiche, 1976.

Denis, Ferdinand. "Les proverbes, essai sur la philosophie de Sancho." in Denis, F. *Le Brahme Voyageur, ou la sagesse populaire de toutes les nations*. Paris: Librairie d'Abel Ledoux, 1834. 1-45.

Di Castro, Giuseppe. *Proverbi italiani*. Milano, 1858.

Dugas, André, and DiSciullo, Anne-Marie. "Le rôle des déterminants dans les expressions figées de langues romanes." *La locution. Actes du colloque international Université McGill, Montréal, 15-16 octobre 1984*. Eds. Giuseppe DiStefano and Russel G. McGillivray. Montréal: Editions CERES, 1984. 56-69.

Falassi, A. *Proverbi toscani commentati*. Palermo, 1979.

Farisin, G. & Lepan, M. *I proverbi veneti*. BS: Bornato di Franciacorta,1977.

Ferrando, Nelio. *I modi di dire dei genovesi*. Genova: Sagep, 1979.

_____ & Ferrando, Ivana. *I proverbi dei genovesi*. Genova: Sagep, 1977.

Fiori, Mariangela. *Proverbi pavesi d'altri tempi*. Milano: Meravigli, 1982.

Fontanelli, Giorgio. *Proverbi Livornesi*. Livorno: Nuova Fortezza, 1983.

Fort, Francesco. *Proverbi friulani commentati*. Bologna: Mida, 1990.

Freund, Leonhard. *Aus der Spruchweisheit des Auslanders Parömiologische Skizzen*. Hannover: Carl Meyer, 1893.

Fumagalli, Giuseppe. "Nuovo contributo alla bibliografia paremiologica italiana." *Archivo per lo studio delle tradizione popolari,* 10 (1891), 210-227 and 332-342.

Furnari, Mario. *'700 napoletano: cultura popolare a Napoli nel diciottesimo secolo*. Napoli: A. Gallina, 1980.

Gabanelli, Don Giulio. "Detti e proverbi bergamaschi." in *Zogno Notizie*. Zogno (BG): Carminati.

Galanti, Bianca Maria. *Proverbi laziali commentati*. Palermo: Edikronos,1981.

Ghirardini, Gianni. *Motti e detti veneziani*. Venezia: Helvetia, 1981.

Giacone, Rino. *Dai vecchi proverbi siciliani alla realtà d'oggi*. Catania: Gianotta, 1972.

Gianeri, Enrico. *Motti e proverbi piemontesi*. Torino: Piemonte in Bancarella, 1976.

_____. *Proverbi piemontesi*. Torino: Piemonte in Bancarella, 1972.

Giannangeli, Ottaviano. *Poesia popolare e proverbi abruzzesi*. Pescara: Nova Italica, 1991.

Giovine, Alfredo. *Detti popolari baresi*. Bari, 1969.

_____. *Proverbi pugliesi*. Milano: Martello, 1970.

Giusti, G. *Dizionario dei proverbi italiani*. Milano, 1956.

_____. *Raccolta di proverbi toscani.* nuova ed. Firenze, 1911.

Gleijeses, Vittorio. *I proverbi di Napoli.* Napoli: Società Editrice Napoletana, 1978. Reprint Palermo: Edikronos, 1981.

_____. *A Napoli si diceva così.* Napoli: Società Editrice Napoletana, 1977.

Gliozzi, Ettore. *Raccolta di proverbi calabresi confrontati con i corrispondenti proverbi toscani.* Bologna: Palmaverde, 1967.

Gorlato, Acchille. *I mesi dell'anno nei proverbi dei veneto-giuliani.* Venezia: Helvetia, 1981.

Grasso, Mario. *Lingua delle madri: voce e pensieri dei siciliani nel tempo.* Catania: Prova d'autore, 1994.

Iosa, Antonio. *La terra del silenzio: proverbi contadini e tradizioni popolari della Daunia.* Bari: M. Adda, 1983.

Kradolfer, J. "Das italienische Sprichwort und seine Beziehungen zum deutschen." *Zeitschrift für Völkerpsychologie,* 9 (1877), 185-271.

Kutufa, Lionello. *Proverbi e modi di dire livornesi di ieri e di oggi.* Livorno: Editrice nuova fortezza, 1992.

LaSorsa, Saverio. *La sapienza popolare nei proverbi pugliesi.* Bari, 1923.

Lachal, René-Claude. "Infirmes et infirmités dans les proverbes italiens." *Ethnologie française,* 2, nos. 1-2 (1972), 67-96.

Lamberti, Antonio. *Proverbi veneziani.* Venezia, 1825.

Lapucci, Carlo. *Proverbi e motti fiorentini.* Firenze: SP44, 1993.

Liver, Ricarda. "Sprichwörter in der Divina Commedia." *Deutsches Dante Jahrbuch,* 53-54 (1978-79), 46-60.

Loi, Salvatore. *Proverbi sardi.* Milano: Martello, 1971.

Manfredi, Nino. *Proverbi e altre cose romanesche.* Aosta: Musumeci, 1983.

Marangelli, Giuseppe. *Proverbi fasanesi.* Fasano: Grafischena, 1976.

Marson, Luigi. *Proverbi di Vittorio e in uso a Vittorio.* Vittorio Veneto: DeBastiani, 1980.

Martello, Antonio. *Proverbi piemontesi.* Milano: Fabbri, 1981.

Mastellaro, Paola. *Dizionario di Proverbi, Motti e Sentenze.* Milano: Mariotti, 1992.

Menarini, Alberto. *Proverbi bolognesi.* Milano: Martello, 1971.

Mieder, Wolfgang. "Hilfsquellen für Sprichwörterübersetzungen." *Sprachspiegel,* 33 (1977), 56-57.

_____. *International Bibliography of Explanatory Essays on Individual Proverbs and Proverbial Expressions.* Bern: Peter Lang, 1977.

_____. *International Proverb Scholarship. An Annotated Bibliography.* NY: Garland Publishing, 1982. *Supplement I* (1990). *Supplement II* (1993).

_____. "Paremiological Minimum and Cultural Literacy." in *Wise Words: Essays on the Proverb.* ed. W. Mieder. New York: Garland, 1994.

Mieder, W. and Dundes, Alan, eds. *The Wisdom of Many. Essays on the Proverb.* New York: Garland, 1981.

Mieder W., Kingsbury S.A., Harder K.B. *A Dictionary of American Proverbs.* Oxford: OUP, 1992.

Miniati, Valeria. *Proverbi e modi di dire in Romagna.* Ravenna: Longo, 1989.

Mombert, J. Isidor. "A Chapter on Proverbs." *The Bibliotheca Sacra,* 38 (1881), 593-621.

Morina, Emilia. *Chiu dugnu, chiu sugnu: proverbi di lu nannu.* Palermo: Cavalotto, 1979.

Nali, Camillo. *Proverbi in dialetto veneziano.* Bologna, 1843.

Orefice, Giorgio. *Proverbi veneti.* Milano, Scheiwiller, 1966.

Ostermann, Valentino. *Proverbi friulani raccolti dalla viva voce del popolo.* Udine: Doretti, 1876. Reprint Udine: Mikol, 1979.

Pallini, Michele. *Guida ai detti abruzzesi.* Milano: Sugar, 1971.

Pascuzzi, Maria. *Carta canta'n cannolu: proverbi, massime, wellerismi, modi di dire, indovinelli, imprecazioni calabresi.* Milano: Vibo Valentia, 1992.

Pecori, Giampolo. *Blasoni popolari toscani e luoghi proverbiali.* Firenze: Libreria editrice fiorentina, 1975.

_____. *All'ombra del cupolone: proverbi fiorentini.* Firenze: Libreria Editrice Fiorentina, 1977.

Permiakov, G.L. "On the Question of a Russian Paremiological Minimum." English translation by K.J. McKenna in *Proverbium* 6 (1989).

_____. *Paremiologicheskii eksperiment: Materialy dlia paremiologicheskogo minimuma.* Moskva: Nauka, 1971.

Pestrin, Giorgio. *Antichi proverbi triestini.* Trieste: Libreria Internazionale Italo Svevo, 1968.

Pescetti, O. *Proverbi italiani raccolti e ridotti a certi capi e luoghi communi per ordine d'alfabeto.* Verona, 1602.

Petrucci, Vito Elio & Viazzi Cesare. *Proverbi genovesi del Signor Regina.* Genoa: ERGA, 1980.

Pitrè, G. *Proverbi siciliani messi a raffronto con quelli dei dialetti d'Italia.* Palermo, 1879-81. 4 vols. Reprint Bologna: Forni, 1969.

Porto, Giuseppe. *Proverbi abruzzesi.* Milano: Martello, 1968.

Pratelli, Rufin. "La représentation du corps dans les dictons, locutions et proverbes en usage dans la région florentine." *La rerésentation du corps dans la culture italienne.* Ed. Maryse Jeuland-Meynaud. Aix-en-Provence: Université de Provence, 1982. 29-41.

Raffaelli, Umberto. *Proverbi del Trentino.* Firenze: Giunti-Martello, 1982.

Raimondi, Piero. *Proverbi genovesi.* Milano: Martello-Giunti, 1975.

Ramondino, F. & Muller, A.F. *Neapel "— dafiel kein Traum herab, — da fiel mir Leben zu—".* Zurich: Arche, 1988.

Rapisardo, Santo. *Raccolta di proverbi siciliani.* Catania, 1824.

Rastelli, Eugenio. *I proverbi milanesi raccolti, ordinati e spiegati per cura di Eugenio Rastelli coll'aggiunta delle frasi e demodi proverbiali più in uso nel dialetto milanese.* Milano: Alfredo Brigola, 1885. Reprint Milano: DeCarlo, 1976. Ed. Federico Valli.

Richelmy, T. & Soldati, M. *Proverbi piemontesi.* Milano: Martello, 1967.

Romani, Fedele. *L'amore nei proverbi abruzzesi.* Bologna, 1897.

Rosa, G. *Dialetti, costumi e tradizioni delle provincie di Bergamo e di Brescia.* Bergamo, 1857.

Rotondo, Antonio. *Mangianapoli: raccolta di proverbi, detti, modi di dire napoletani.* Foggia: Bastogi, 1985.

Rotta, Paolo. *Raccolta di frasi, proverbi...in dialetto milanese.* Milano, 1893.

Sada, Luigi. *Proverbi pugliesi commentati.* Palermo: Edikronos, 1981.

Samarani, Bonifacio. *Proverbi lombardi.* Milano, 1860.

Santoro, Caterina. *Proverbi milanesi.* Milano: Martello, 1966.

Sarrazin, G. "Shakespeare und Orlando Pescetti." *Englische Studien.* 8 Bd.46. Leipzig, 1913. 347-354.

Schwamenthal, Ricardo & Straniero, Michele. *Dizionario dei Proverbi Italiani; 6000 voci e 10.000 varianti dialettali.* Milano: Rizzoli, 1991.

Selene, Annarosa. *Dizionario dei Proverbi.* Milano: SIAD Edizioni, 1984.

Spallici, Aldo. *Proverbi romagnoli.* Milano: Martello, 1967.

Spano, Giovanni. *Proverbi sardi trasportati in lingua italiana.* Bologna, 1871.

Speroni, Charles. *Folklore in "The Divine Comedy."* Diss. University of California at Berkeley, 1938.

_____. "Proverbs and Proverbial Phrases in Basile's 'Pentameron'." *UC Publications in Modern Philology,* 24, no.2 (1941), 181-288.

_____. "Charles Merbury 'Proverbi Vulgari'." *UC Publications in Modern Philology,* 28, no.3 (1946), 63-157.

Spezzano, Francesco. *Proverbi calabresi.* Milano: Martello, 1970.

Spiller, Attilio. *Guida ai detti lombardi.* Milano: Sugar, 1991.

Staglieno, Marcello. *I proverbi genovesi.* Genova: Garbarino. 1880.

_____. *Proverbi genovesi con i correspondenti in latino ed in diversi dialetti d'Italia.* Genova: Garbarino, 1869.

Strafforello, Gustavo. *Dizionario universale dei proverbi.* Torino, 1883. 3 vols.

_____. *La sapienza del popolo. Spiegata al popolo ossia i proverbi di tutte le nazioni.* Milano: Editori della Biblioteca utile, 1868.

Tassoni, Giovanni. *Proverbi lombardi commentati.* Milano: Edikronos, 1981.

Taylor, Archer. *The Proverb.* Cambridge: Harvard University Press, 1931.

Torriano, Giovanni. *Select Italian Proverbs.* 1642.

_____. *Piazza universale di proverbi italiani, Or, A Common Place of Italian Proverbs and Proverbial Phrases.* 1666.

_____ John Florio. *Vocabolario italian & inglese...whereunto is added a Dictionary English & Italian, with severall Proverbs...by Gio:Torriano.* 1659.

Tosti, Croce Maria Pia. *I proverbi italiani.* Milano: CDE spa, 1990.

Trench, Richard Chenevix. *Proverbs and Their Lessons.*

Tucci, Giovanni. *Dicette Pulcinella...: inchiesta di antropologia culturale sulla Campania.* Milano: Silva, 1966.

Ungarelli, Gaspare. *Raccolta di proverbi in dialetto bolognese.* Bologna, 1892.

Varini, Giulio. *Scielta dei proverbi e sentenze italiane.* Venezia, 1656.

Villani, Leonida. *Proverbi e frasari milanesi.* Aosta: Musumeci, 1982.

Vitiello, Umberto. *Il sale di Napoli: la filosofia partenopea attraverso i suoi proverbi e modi di dire.* Milano: Mursia, 1989.

Wandruszka, Mario. "Denken in Bildern." *Die Mehrsprachigkeit des Menschen.* München: R. Piper, 1979. pp. 267-294.

Wilson, F.P. *The Oxford Dictionary of English Proverbs.* 3rd ed. Oxford, 1970.

_____. "The Proverbial Wisdom of Shakespeare." in *The Wisdom of Many. Essays on the Proverb.* Eds. W. Mieder and A. Dundes. New York: Garland Publishing, 1981. 174-189.

Wolf, O.L.B. *Raccolta di proverbi piemontesi, sardi, e siciliani.* Leipzig, 1829.

Zanazzo, G. *Proverbi romaneschi.* Roma, 1866.

Zeppini Bolelli, Adriana. *Proverbi Italiani.* Firenze: Salani, 1989.

English Key Word Index

Index entries are arranged by *key word*, by which is meant the sequentially first noun most closely associated with the meaning of the proverb and/or having greater linguistic range or frequency. For proverbs without nouns, key words are verbs, adjectives or adverbs used on the basis of the same criteria. All numbers refer to the numbered Italian proverb entries.